I0105883

Créer un Pouvoir D'INFLUENCE

10 Façons d'Impressionner et Guider les Autres

KEITH ET TOM « BIG AL » SCHREITER

Créer un Pouvoir d'Influence

© 2020 by Keith et Tom « Big Al » Schreiter

Tous droits réservés, incluant le droit de reproduire ce livre ou des portions de celui-ci sous quelque forme que ce soit.

Publié par Fortune Network Publishing

PO Box 890084

Houston, TX 77289 USA

Telephone : +1 (281) 280-9800

BigAlBooks.com

ISBN-13 : 978-1-948197-67-0

TABLE DES MATIÈRES

BIG AL WORKSHOPS

Ce livre est dédié aux gens de marketing
de réseau de partout.

Je voyage de par le monde plus de 240 jours chaque année.
Laissez-moi savoir si vous souhaitez que tienne une
formation (Big Al Training) dans votre secteur.

→ **BigAlSeminars.com** ←

Tous les livres de
Tom « Big Al » Schreiter
sont disponibles à :

BigAlBooks.com/french

PRÉFACE

Vous voulez changer le monde ? Ou du moins être entendus ? Personne ne souhaite être une simple note de bas de page dans la vie des autres. On désire faire une différence.

Comment se sent-on lorsqu'on se sent ignorés ? Non respectés ? Ou qu'on ne nous prend pas au sérieux ? Plutôt frustrant, surtout lorsqu'on sait qu'on pourrait bonifier le contenu des conversations.

On désire être remarqués. Et on souhaite influencer les choses et faire en sorte que notre contribution soit significative.

Si nous ne sommes pas nés au sein de la famille royale, ou que ne nous ne sommes pas une star de cinéma, alors comment pouvons-nous jouir du pouvoir d'influence nécessaire pour faire entendre notre voix ? Nous devons construire ce pouvoir une étape à la fois.

Ce livre contient dix méthodes simples et rapides pour générer un certain pouvoir d'influence. Tout le monde peut utiliser ces méthodes ; il suffit de le décider, et démarrer.

Préparons-nous à faire une différence dans la vie des autres en créant ou en augmentant notre pouvoir d'influence.

L'INFLUENCE ET L'ÉPOPÉE DE L'HORREUR EN CANOT.

John Do était un moins-que-rien. Invisible au travail, il ne bénéficiait même pas du respect de ses propres amis. Peu de gens remarquaient sa présence, il se fondait dans la foule.

Rien de mal chez John. C'était un bon gars, mais il fusionnait avec le papier peint. Personne n'avait d'opinion à son sujet. Personne n'écoutait lorsqu'il ouvrait la bouche.

Comme la plupart d'entre nous, John désirait partager ses rêves et ses idées pour changer la vie des autres. Mais pour arriver à le faire, il devait le moyen d'être respecté et d'influencer les autres.

Se sentir invisible est un des sentiments les plus dévastateurs que l'on puisse vivre. Tout le monde désire bénéficier d'un certain pouvoir d'influence, mais peu d'entre nous savent comment le développer.

Que signifie l'influence exactement ?

L'influence peut avoir plusieurs définitions… Mais pour l'instant, disons tout simplement que l'influence signifie que les autres croient ce qu'on dit et nous font confiance. Et surtout, qu'ils désirent passer à l'action en adoptant nos idées et/ou nos recommandations.

Voici un exemple de quelqu'un qui possède de l'influence.

Une femme-médecin est frappée d'un enthousiasme soudain pour l'investissement immobilier. Elle attrape le téléphone, appelle ses amis et dit : « Je crois que l'immobilier serait un bon investissement pour nous en ce moment. Aimerais-tu investir dans l'immobilier avec moi ? »

La réponse de ses amis ?

« Bien entendu. Voici nom numéro de carte de crédit. Faisons-le ! »

Elle a obtenu cette réponse sans autre forme d'explication sur les potentiels investissements immobiliers. Pourquoi ses amis ont-ils répondus ainsi ?

Parce que cette femme-médecin possède déjà un certain pouvoir d'influence.

Mais attendez ! Cette femme-médecin ne possède aucune expertise ou expérience préalable dans ce type d'investissement. Et elle ne connaît rien du marché immobilier.

Il existe plusieurs autres professionnels, courtiers et investisseurs possédant beaucoup plus d'expertise et de connaissances à ce sujet. Ceci dit, si ces gens qualifiés dans le marché immobilier appelaient les mêmes amis de la femme-médecin, aucun ne souhaiterait investir. Ses amis poseraient tout un tas de questions sur des micro-détails, la sécurité de la transaction et d'autres préoccupations.

Alors qu'est-ce qui diffère dans la proposition de la femme-médecin ?

Ses amis lui accordent une confiance aveugle. C'est un programme étrange qui se déclenche dans l'esprit humain. Les amis en question savent qu'elle possède une grande expertise en médecine. Leur amie médecin leur a fourni des recommandations au niveau santé. Et parce qu'elle possède cette expertise en santé, ils lui ont automatiquement accordé confiance et crédibilité dans tous les autres domaines. Nous allons examiner ce programme plus en détail plus loin dans cet ouvrage.

Avoir une connexion signifie que nos prospects peuvent croire ce qu'on dit et nous faire confiance.

Mais avoir de l'influence, c'est beaucoup plus que ça.

Avoir de l'influence implique que non seulement nos prospects croient ce qu'on dit et nous font confiance, mais aussi qu'ils valorisent ce qu'on dit et agiront en fonction de ce qu'on leur a partagé.

L'assistant du professeur.

L'assistante du professeur fait partie de la communauté depuis 40 ans maintenant. Ceci dit, elle ne possède aucun pouvoir d'influence. Elle a développé une bonne connexion avec les gens. Elle a mérité leur confiance. Mais puisqu'elle ne possède aucune expertise dans un domaine qu'ils respectent, elle n'a pas le pouvoir d'influence nécessaire pour amener les gens à agir.

« L'expertise » facilite le pouvoir d'influence.

Lorsque quelqu'un a de l'influence, on tend à ne pas se questionner sur l'avenir. On sent que le futur qu'il nous décrit sera convenable.

L'épopée de l'horreur en canot.

Lorsque j'ai quitté les bancs d'école, je suis devenu le petit nouveau dans un grand bureau. La personne qui travaillait à mes cotés générait sans cesse de nouvelles idées. Il était à l'affût des nouveautés et des expériences à découvrir. Il ramenait au bureau les dernières primeurs en matière de santé, loisirs et destinations vacances. Tout le monde le respectait parce qu'il prenait les choses en charge et qu'il était toujours le premier à se porter volontaire, peu importe le projet.

Un jour il se pointa au bureau et dit : « Ce samedi, il y a une course en canot pour descendre la Rivière des Plaines. Ça pourrait être une sortie de groupe amusante pour nous tous. »

Tout le monde, moi inclus, cria : « Oui. Faisons-le. »

Nous avons convenu qu'il s'agirait d'une aventure excitante que nous pourrions revivre autour de la machine à café pendant des semaines. Notre « influenceur » s'est chargé de louer les canots. Tout ce que nous devions faire était de se présenter au lieu de rendez-vous le samedi matin.

Question : est-ce que quelqu'un parmi nous avait déjà fait du canot ? Non. Mais devions-nous nous inquiéter ? Notre influenceur avait mentionné que cette course de canot de 42 kilomètres serait une aventure excitante. Nous n'avions pas l'intention de gagner la course. Notre objectif était d'y participer et s'amuser. Facile non ? Deux personnes dans un canot, se laissant porter par le courant dans une rivière ; que pouvait-il nous arriver ? Et pour nous faciliter les choses encore davantage, le printemps venait tout juste de s'installer et la rivière était gorgée de neige fondue donc, le courant serait très rapide. Nous allions donc nous laisser porter par le courant et arriver à bon port en criant lapin !

À quoi pensions-nous ? ? ?

De toute évidence, à rien.

Armés d'une confiance fortifiée par la bière, bon nombre d'entre nous avons renversé nos canots dès le départ. L'eau était presque gelée. Travaille d'équipe ? Deux rameurs amateurs dans un canot débalancé par de violents remous.

Qu'est-ce qui pouvait mal virer ?

Tout.

La rivière étant gorgée d'eau, nous n'arrivions pas à diriger le canot. Les eaux tumultueuses nous menaient droit vers des arbres, les viaducs, et naturellement vers les autres canots… nous étions une calamité flottante !

Les vestes de sauvetage ont sauvé la mise. Après avoir frôlé la mort à de multiples reprises, nous avons atteint la fin du parcours, imprégnés de l'odeur désagréable des eaux souillées de la Rivière des Plaines. Transis, empestant et exténués… quelle aventure !

Le lundi matin suivant, nous avons revécu cette descente aux enfers… et devinez quoi ?

Nous étions impatients de connaître la prochaine activité qui nous serait proposée par notre « influenceur maison. »

On veut être des influenceurs.

On ne veut pas être comme John Doe. On désire faire une différence. On souhaite avoir un impact sur la vie des autres.

Imaginons un instant que nous sommes influenceurs dans un groupe quelconque. On partage nos meilleures idées, et ils répondent : « Oui. Faisons-le ! »

On peut transformer ce rêve en réalité. On peut commencer à développer notre pouvoir d'influence maintenant.

Mais comment développer respect et influence ?

Avant d'établir un pouvoir d'influence, on doit créer un lien, une connexion. Ce qui signifie qu'on doit amener les autres à croire de qu'on dit et à nous faire confiance. Ils doivent accepter ce qu'on dit comme étant vrai. Si on doit défendre chaque phrase qui sort de notre bouche, nous n'atteindrons jamais l'étape d'influence auprès des autres.

Donc, établir une connexion est la première étape. Ensuite, on peut développer notre pouvoir d'influence sur des bases solides : confiance et crédibilité.

Alors armons-nous d'abord de quelques compétences élémentaires pour établir la connexion.

ÉTABLIR UNE CONNEXION D'ABORD.

D'abord, quelques exemples de gens avec qui nous avons déjà une connexion. Nous leur faisons confiance et nous croyons qu'ils disent la vérité.

Nous habitons une petite communauté rurale. Un cultivateur, reconnu par tous comme étant une personne honnête, émet son opinion. Nous prenons pour acquis qu'il dit la vérité. Son historique dans la communauté lui procure confiance et crédibilité et nul n'est porté à mettre en doute ce qu'il dit.

Nous faisons appel au même technicien pour réparer nos électroménagers depuis 30 ans. Lorsqu'il nous parle de ses expériences, on y croit sans se poser de questions. On ne pense pas qu'il va se mettre à nous mentir ou à tenter de nous escroquer. Nous avons établi un lien de confiance, une connexion.

La sage-femme de la communauté bénéficie d'une connexion immédiate avec la plupart des gens. On l'écoute et nous sommes attentifs à sa vision des choses. Nous n'avons aucune raison de craindre qu'elle tente de nous manipuler à des fins machiavéliques.

Qu'en est-il si on demeure dans une zone métropolitaine ? Demandons-nous : qui puis-je croire et à qui puis-je faire confiance ?

Au critique de restaurants qui nous indique les restaurants qui offrent la meilleure qualité de nourriture dans le créneau qui nous intéresse ?

Au gardien de sécurité de l'immeuble que j'habite qui partage les derniers potins avec les résidents ?

À notre partenaire de marche ou de sports qui nous fait des recommandations sur les meilleurs aliments à consommer ?

Pourquoi ces gens bénéficient déjà d'une connexion avec nous ? De toute évidence, notre historique commun est déterminant. Au fil du temps, nous avons appris à leur faire confiance et à croire ce qu'ils disent.

Mais si nous n'avons pas d'historique commun ?

Et si on rencontre de purs étrangers ? Que faire pour créer une connexion ?

Lorsqu'on souhaite exercer une influence sur de purs inconnus, on désire d'abord établir confiance et crédibilité avant de porter notre message.

Voici quelques astuces qui nous aideront à créer une connexion rapide avec n'importe qui.

1 : Sourire.

Lorsqu'on sourit, les gens sont plus enclins à croire les mots qui sortent de notre bouche. C'est un automatisme de confiance intégré dans notre programmation presque depuis la naissance.

Un bébé est couché dans son berceau. Âgé de seulement six semaines, il ne peut pas se retourner, parler, ou comprendre ce tout nouveau monde qui l'entoure. Un adulte se penche sur le berceau et le regarde. Afin d'acquérir la confiance du bébé, que fait l'adulte ?

Il sourit.

Et comment réagit le bébé ? Avec un sourire.

Curieusement, à partir de seulement six semaines, les bébés réalisent qu'un sourire est signe d'amitié et, qu'ils peuvent se sentir en sécurité. Cet adulte qui le regarde n'a aucune mauvaise intention.

Ceci dit, est-ce que ce programme est infaillible ? Bien sur que non !

Les politiciens sourient. Les escrocs sourient. Et pourtant, personne ne questionne ce programme.

Si quelqu'un sourit, ça ne signifie pas nécessairement qu'on peut croire et faire confiance à ce qu'il dit. Cependant, en tant qu'humains, nous prenons tout un tas de raccourcis. Et un de ces raccourcis est : « Si quelqu'un sourit, on peut lui faire confiance. »

Ridicule ? En effet.

Véridique ? Oui.

Alors, si on désire établir une connexion avec quelqu'un, sourire peut donner un solide coup de main.

Mais que faire si nous ne sommes pas quelqu'un qui sourit constamment ?

Il faut l'apprendre. Si on songe à rencontrer de nouvelles personnes en affichant un air sévère, on réduit considérablement nos chances de créer une connexion. Sourire n'est pas si difficile de toute façon. Il suffit d'activer 13 muscles du côté gauche de notre visage et 13 muscles du côté droit. Idéalement montrer une partie de vos dents, et tenter de le faire avec sincérité.

Essayez. Ça fonctionne.

Et si on discute paperasse avec un comptable ? Ça fonctionne aussi. Et si on discute sciences pures avec un ingénieur ? Ça fonctionne aussi. Nos chances de créer une connexion augmentent à chaque sourire. Les êtres humains réagissent de façon prévisible aux sourires.

Si notre sourire est sincère, les autres peuvent le ressentir. Si notre sourire est factice, les autres peuvent aussi le percevoir. Les humains peuvent instinctivement lire le langage corporel et interpréter les expressions faciales. Si nos intentions sont sincères, elles vont transparaître dans notre sourire. Les sourires sincères fonctionnent.

2. Partager avec les autres des faits auxquels ils croient déjà.

Lorsqu'on partage avec les autres des faits auxquels ils croient déjà, ils nous perçoivent comme quelqu'un de brillant, tout comme eux. On devient un partenaire de génie qui possède une vision éclairée du monde, soit la même qu'eux.

Tout le monde a un point de vue. Lorsqu'on est en accord avec le point de vue de quelqu'un, il se dit : « Hé, tu penses comme moi. En tant que confrère génie, tu vois le monde avec la même perspective que moi. Et puisqu'on voit les choses de la même façon, on en arrivera aux mêmes conclusions. Alors tout ce que tu pourras dire sera sans doute en harmonie avec mes croyances. Je peux donc te croire et faire confiance à ce que tu dis maintenant. »

Si on démarre une conversation avec quelqu'un en mettant en évidence nos différences, c'est presque perdu d'avance. On a soulevé les murs du doute et du scepticisme. Notre interlocuteur va maintenant censurer de façon critique notre conversation. Nous n'obtiendrons jamais une connexion et nous aurons beaucoup moins d'influence si on démarre du mauvais pied.

Par exemple, comment réagira un étranger si on débute la conversation par une critique ou en soulignant ses erreurs ?

L'étranger se dira : « Holà. Tu fais fausse route. Je ne fais jamais d'erreurs. Et comment oses-tu critiquer ce que j'ai fait ? Tu ne connais pas les circonstances. Tu ne me connais pas. Tu es… idiot. Et je suis persuadé que tu auras tort sur tout le reste aussi ! »

Avec des étrangers, nous devrions définitivement débuter nos conversations avec quelque chose avec lequel ils sont en accord.

Imaginons cette situation. Nous sommes au coin de la rue, par une belle journée d'été. Un étranger arrive tout près de nous, et désire lui aussi traverser la rue. Pour amorcer la conversation et créer une connexion, que devrait-on dire ? On pourrait démarrer comme suit : « Plutôt chaud aujourd'hui. » Et l'étranger, dont le front perle de transpiration, répond : « Oui, c'est effectivement chaud aujourd'hui. » Utiliser un fait indéniable et ponctuel est une façon naturelle de démarrer la conversation.

Quel est l'opposé de créer une connexion ? Reprenons l'exemple précédent et démarrons la conversation sans avoir comme objectif de créer une connexion. On pourrait par exemple dire : « Les démocrates sont sans contredit plus brillants que les républicains. » Oups !

La probabilité d'établir une connexion avec cet étranger vient de baisser de 50%. S'il est démocrate, oui, nous avons établi une connexion. Mais s'il est républicain, notre crédibilité, notre connexion et toute forme d'influence future sont réduites à néant.

Le sens commun nous suggère de débuter une conversation en s'accordant sur quelque chose afin d'établir une connexion. On le sait, instinctivement. Alors avant de s'adresser aux étrangers, il est bon de se rappeler cette règle. Être en accord sur un point, tôt dans la conversation, aide à créer la connexion.

Les gens ressentent un lien lorsqu'ils ont en commun des éléments d'expérience. On apprécie naturellement les gens qui nous ressemblent et on se méfie des gens que l'on perçoit comme différents de nous.

Imaginons que nous sommes américains et que l'on s'offre une escapade en Inde. On baigne dans plus d'un milliard d'indiens, et on rencontre par hasard un autre américain. En une fraction de seconde on se sent tous deux connectés parce que nous avons quelque chose en commun. Notre conversation pourrait ressembler à ceci : « D'où viens-tu ? » L'étranger répond : « Je suis de la Floride. » Dans un état d'euphorie on réplique : « De Floride ? Je suis de Californie ! Nous sommes voisins ! »

Lorsque tout le monde autour de nous est différent, on trouve plus facilement des points en commun. On se sent plus à l'aise lorsqu'on a des atomes crochus avec quelqu'un.

Voici quelques exemples de phrases qu'on pourrait utiliser pour générer une connexion rapidement dans nos conversations.

« Je vois que vous aimez aussi les chats. »

« On sent que le climat économique se dirige vers une récession. »

« J'adore cette équipe. Depuis combien de temps es-tu un partisan ? »

« C'était plutôt spectaculaire ! »

« C'est tout à fait délicieux. »

« Vous vous demandez probablement combien de temps ça prendra ? »

« On veut tous avoir plus d'argent à notre disposition. »

« Difficile de trouver le véritable amour dans une discothèque. »

« Les fins de semaines ont été créés pour faire la fête ! »

« On devrait abolir les lundis. »

« On mérite de vivre plus de vacances. »

« Je suis affamé aussi. À quel endroit pourrait-on manger ? »

« On en a besoin, mais on doit respecter notre budget. »

« Ce projet est important, mais on a besoin de plus de temps. »

« C'est agréable de regarder nos enfants s'amuser. »

Trouver des faits avec lesquels des étrangers sont en accord avec nous est chose facile.

Besoin de plus d'exemples ? Suffit d'écouter les discours de campagnes électorales. Les politiciens créent une connexion avec leurs partisans en présentant des informations qu'ils sont prêts à croire. Le politicien dit par exemple :

« On désire payer moins de taxes. Et on veut faire respecter les valeurs de notre pays. Ramenons l'intégrité au sein du gouvernement maintenant. »

Et les électeurs partisans de s'écrier : « C'est ce qu'on veut ! Et voici nos contributions à votre campagne. »

Créer une connexion avec les autres, c'est notre responsabilité.

Mais on ne fait que commencer. Pourquoi ne pas rendre notre connexion encore plus forte ?

UNE CONNEXION PLUS PROFONDE.

Est-ce qu'une connexion est nécessaire pour avoir de l'influence sur les autres ?

Oui. Il pourrait naturellement y avoir de rares exceptions, mais pourquoi risquer d'anéantir nos chances d'exercer une influence ?

Si on établit une connexion à la base, c'est facile de passer à l'étape supérieure, soit celle de l'influence. Alors jetons un coup d'œil à d'autres façons de créer une connexion avec les gens qu'on désire influencer.

3. Un fait, un autre fait, et ensuite notre idée nouvelle.

Lorsqu'on partage deux faits consécutifs avec les gens, leurs cerveaux sont prêts à accepter les phrases suivantes comme étant vraies, sans les analyser.

Les esprits humains manquent d'effectifs pour tout analyser. On ne peut traiter consciemment qu'une seule chose à la fois. C'est tout !

Quand on partage un fait avec les gens, ils se disent : « Oui, je suis en accord avec ce fait, c'est la vérité. » Et lorsqu'on partage un second fait avec eux, ils se disent : « Oui, je crois à cela aussi. Ce qui fait donc deux faits consécutifs, tous deux vrais. Tu sembles être une source fiable. Je n'ai donc pas besoin de juger ce que tu me diras ensuite. Laisse-moi utiliser mon cerveau pour gérer un autre dossier dans ma vie car ce que tu me diras dorénavant est sans doute vrai. »

Après deux faits validés, on place les gens dans un état presque hypnotique. Ils désirent accepter ce qu'on s'apprête à dire comme étant une vérité, à condition que ça leur semble raisonnable naturellement. En tant qu'humains, on s'appuie constamment sur des raccourcis et des programmes automatisés pour survivre. On ne peut pas appliquer notre attention et notre sens critique à chaque information qui entre dans nos cerveaux. On doit être sélectifs. Des millions d'informations bombardent nos cerveaux à chaque seconde. On ne peut accorder notre attention qu'à une chose à la fois, du moins consciemment.

Voici un exemple concret. On utilise deux faits avant d'introduire l'idée ou l'information qu'on désire insérer dans la tête des gens.

« Pas un nuage dans le ciel. C'est une belle journée. Je crois qu'on va adorer cette journée. » Deux faits et ensuite, on prédit que nous allons adorer cette journée. Les gens avec qui on partagera cette séquence de phrase seront probablement d'accord avec : « on va adorer cette journée. » C'était plutôt simple.

Alors si notre objectif est de glisser une information ou une idée nouvelle crédible dans le cerveau des gens, nous n'avons qu'à énoncer deux faits consécutifs pour ensuite la glisser en douce. Voici quelques exemples supplémentaires.

« L'apéritif était excellent, et cette entrée est délicieuse. Je parie que le dessert sera formidable ! »

« Votre entreprise a besoin de cette machine. Mais il faut respecter les budgets. Cet outil pourra facilement s'intégrer dans votre budget cette année. »

« Nos enfants méritent une meilleure éducation. Les résultats des autres écoles prouvent que ce programme de lecture fonctionne. Il serait donc logique pour nous d'adopter ce programme immédiatement. »

« La fin de semaine approche. On aimerait avoir du plaisir. Cette course en canot semble être l'activité parfaite pour nous. » (Ouais, mes sentiments sont mitigés. Mais en y repensant bien, j'ai eu du plaisir et des souvenirs gravés à jamais.)

« Notre patron est un enfoiré. Il ne nous écoute jamais. On devrait démarrer notre propre entreprise et gérer à notre façon. »

« Les choses sont de plus en plus dispendieuses. Notre salaire ne suffit plus. On devrait chercher d'autres façons de gagner de l'argent pour nos familles. »

« À l'âge de 40 ans, notre peau commence à rider. Et notre visage procure la première impression. Essayons quelque chose de nouveau pour retarder l'apparition des rides. »

« Nous sommes fiers de notre pays. On veut préserver les valeurs de ce pays. Votez pour moi afin que je puisse maintenir ces valeurs bien en place. » (Ça ressemble au discours de tous les politiciens.)

« La fin de semaine est arrivée. Tu aimerais bien avoir la permission de sortir avec tes amis. Je crois que ce serait le bon moment pour ramasser ta chambre. »

« Nos vies sont pénibles. Toujours la même routine. Ouvrons-nous à d'autres options pour ajouter du piment dans nos vies. »

« Nous sommes d'accord que ce programme ne fonctionne pas. On doit faire des modifications sinon, on ne sera pas réélus. Essayons cette option pour voir si elle peut nous aider à remonter la pente. »

Après deux faits, notre information ou notre nouvelle idée est plus facile à accepter ou à considérer par les autres. Et en étant d'abord sur la même longueur d'onde, on peut maintenir la connexion et ouvrir les esprits.

Une fois cette connexion établie, on peut transférer nos nouvelles idées aux autres. Si on perd cette connexion, ils se fermeront systématiquement à ce qu'on dit. Avant de planter notre message dans la tête des gens, créons d'abord la connexion. Nos chances de succès seront fortement amplifiées.

4. « Eh bien, tu sais comment… »

Cette approche est une commande verbale qui s'adresse directement au subconscient. La phrase : « Eh bien, tu sais comment… » semble si familière que les gens ne nous entendent même pas prononcer les mots. Alors si on souhaite que les gens croient ce qu'on s'apprête à dire, on débute tout simplement par cette phrase : « Eh bien, tu sais comment… »

Écoutez cette conversation autour de la machine à café au bureau.

Personne 1 : « Eh bien, vous savez à quel point le trafic est intense pour entrer sur l'autoroute chaque jour ? »

Personne 2 : « Eh bien, vous savez comme moi qu'on gaspille environ deux heures par jour à faire la navette. »

Personne 3 : « Eh bien, vous savez combien cet emploi hypothèque nos semaines ? On pourrait accomplir beaucoup de choses si on ne perdait pas deux heures par jour, cinq jours pas semaine, dans la congestion. »

Personne 4 : « Eh bien, vous savez à quel point notre équipe de football nous a déçus encore une fois dimanche dernier ? »

Comme vous pouvez le voir, si quelqu'un souhaite que les autres membres du groupe soit en accord avec lui, ils disent instinctivement les mots : « Eh bien, vous savez... »

On utilise ces mots si souvent qu'on ne porte même plus attention à cette phrase. Mais lorsqu'on utilise ces mots, voici ce qui se produit dans l'esprit des personnes à l'écoute.

« Bien, si je le sais déjà, alors ce que tu vas dire doit être vrai. Parce que ce que je sais déjà est vrai. Pas besoin de preuves supplémentaires. Pas de témoignages requis, pas de preuves papier, parce que je sais déjà que ce que je sais est vrai. »

Alors on débute avec la formule : « Eh bien, tu sais comment... » On glisse ensuite notre information ou notre idée et si ça semble raisonnable, la plupart des gens vont l'accueillir comme étant une vérité.

Comme on l'a mentionné plus tôt, c'est un raccourci qu'utilisent nos cerveaux. On ne peut pas mettre sur pause tout ce qui se passe à chaque instant de nos vies pour remettre en question chaque micro-information que l'on reçoit.

Voici d'autres exemples d'utilisation de cette phrase :

« Eh bien, tu sais combien on souhaite désespérément que nos enfants reçoivent la meilleure éducation possible ? »

« Eh bien, tu sais à quel point on veut avoir les clés de la voiture ce week-end ? »

« Eh bien, tu sais combien tes représentants sont en difficulté parce qu'ils n'ont pas assez de bons prospects ? »

« Eh bien, tu sais comment nos chèques de paie ne suffisent plus ? »

« Eh bien, tu sais combien tout le monde rêve secrètement d'être riche ? »

« Eh bien, tu sais à quel point on souhaite un certain résultat, mais qu'on n'a aucune idée comment y parvenir ? »

« Eh bien, tu sais comme moi que pour retrouver la santé, il faut plus qu'une série d'antibiotiques ? »

« Eh bien, tu sais combien il est difficile de perdre du poids ? »

« Eh bien, tu sais à quel point les valeurs de notre pays ont changées dans le climat politique actuel ? »

Avec ces formules, créer des connexions avec les gens devient une partie de plaisir. De simples commandes verbales qui nous permettent de convaincre leurs cerveaux que ce qu'on dit est la vérité.

Vous voulez vous amuser encore plus ? Voici d'autres commandes verbales éprouvées.

5. « La plupart des gens. »

Quand on dit : « La plupart des gens, » à quoi pensent les gens ?

Ils pensent : « Je veux en faire partie. Je veux être en sécurité. Je veux être comme la plupart des gens. De cette façon, si je prends une décision et que ça ne fonctionne pas, je ne serai pas critiqué. Alors que si je fais quelque chose de différent ou marginal et que ça ne fonctionne pas, je serai couvert de ridicule par mes pairs. »

Oui, c'est tout à fait naturel de vouloir entrer dans le moule. Pensez à tous ces adolescents au lycée. Un des programmes prioritaires dans leurs esprits est de se fondre au groupe.

D'où provient ce programme ? De notre mode « survie. » Un mode top priorité qui fait partie de chacun d'entre nous. On se sent confortables si on se fond dans la masse.

Si on marche dans une ruelle sombre durant la nuit, est-ce qu'on préfère être seul, ou avec un groupe de gens ?

On entend parler d'un nouveau traitement ou médicament. Est-ce qu'on souhaite être la première personne à l'expérimenter ?

Vous êtes devant deux restaurants. L'un d'eux est bondé et l'autre est vide. Quel restaurant vous semble le plus attrayant ?

On assiste à la construction d'une nouvelle plate-forme de saut à bungee. Est-ce qu'on est tenté par l'opportunité d'être le premier à sauter ?

Il y a un champ de mine devant nous. Est-ce qu'on désire ouvrir la marche ?

Vous voyez le topo ? On se sent plus en confiance avec nos décisions si d'autres pensent comme nous. On préfère voir d'autres personnes paver la route plutôt que de prendre tous les risques.

Donc, lorsqu'on s'adresse aux autres en utilisant les mots « La plupart des gens, » on facilite leur acceptation. Établir une connexion, c'est l'art d'amener les gens à croire ce qu'on dit et nous faire confiance. Si on ne peut pas établir de connexion, on ne pourra jamais atteindre le niveau d'influence.

Voici d'autres exemples de phrases débutant par « La plupart des gens » :

« La plupart des gens adorent le goût. Vous voulez essayer ? »

« La plupart des gens d'affaire visent à augmenter les profits, alors ils scrutent chaque poste budgétaire. »

« La plupart des parents souhaitent à leurs enfants une meilleure éducation que celle à laquelle ils ont eu droit. »

« La plupart des gens attendent avec impatience les pauses-cafés. »

« La plupart des gens souhaitent un gouvernement sans corruption. Votez pour moi et je paverai le chemin. »

« La plupart des professeurs vivent pour les vacances d'été. »

« La plupart des gens aiment payer moins cher. Laisse-moi te montrer comment épargner sur ceci. »

« La plupart de vos voisins sont heureux de pouvoir supporter la fanfare du lycée. »

« La plupart des acheteurs sont prêts à prendre quelques minutes si cela signifie de grosses économies pour leurs entreprises. »

« La plupart des gens » est une formule simple à utiliser. Les gens y répondent avec le sourire. Tout le monde utilise ces mots de façon naturelle. Lorsqu'on dit « la plupart des gens, » les gens se rangent illico du coté de la majorité.

6. D'autres mots qui « commandent. »

Plusieurs autres formules peuvent aussi amener les autres à croire ce qu'on dit et nous faire confiance. En voici quelques unes.

« Tout le monde sait. »

« Tout le monde dit. »

« La plupart des gens sont d'accord. »

Quand on commence à prêter attention à ces séquences de mots, on peut en ajouter à la liste. Voici quelques exemples d'utilisation de ces formules de trois mots.

« Tout le monde sait qu'il est difficile d'obtenir une augmentation ici. »

« Tout le monde sait que le budget de l'école est insuffisant pour ce projet. »

« Tout le monde sait que tes résultats scolaires seront importants lorsque tu feras une demande de bourse. »

« Tout le monde dit que l'économie est chancelante. »

« Tout le monde dit ne pas vouloir répéter les erreurs du passé. »

« Tout le monde dit qu'il vaut mieux contrôler les dépenses de notre gouvernement. »

« La plupart des gens sont d'accord avec le fait que nos emplois hypothèquent notre semaine. »

« La plupart des gens sont d'accord avec le fait que les diètes ne fonctionnent jamais à long terme. »

C'est beaucoup plus facile de converser avec les gens si on démarre en obtenant leur approbation. Lorsque les gens nous font confiance et croient ce qu'on dit, on peut transférer nos idées de notre tête à la leur.

Essayons de combiner quelques unes de ces formules pour établir la connexion. Dans le prochain exemple, on est conseiller dans les produits de perte de poids dans un magasin et nous tentons de vendre un produit à un client. Voyons si on peut reconnaître quelques formules dans cette approche.

« Perdre du poids est difficile. Et la plupart des gens n'ont pas le temps de faire des heures d'exercice. Et... vous savez combien perdre du poids a été pénible par le passé ? Tout le monde sait qu'il doit exister une meilleure option. Laisse-moi te montrer la solution pour perdre du poids dont tout le monde parle. »

Notre client potentiel attends impatiemment que nous lui présentions le produit qu'il ou elle va bientôt acheter.

Un autre exemple ?

Imaginez qu'on souhaite convaincre nos voisins d'installer des équipements d'exercice et de jeux sur le terrain vaquant au bout de la rue. On pourrait dire : « Donnez-moi l'argent. Je veux construire un parc pour les enfants. » Approche plutôt directe et inefficace. Essayons d'utiliser quelques formules pour créer d'abord une connexion.

« Tout le monde sais que les enfants du voisinage doivent jouer quelque part. Eh bien, vous savez qu'en ce moment, ils jouent dans nos rues ? La plupart des gens se soucient de la sécurité de leurs enfants. De plus, on rapporte régulièrement des dommages à nos voitures stationnées. Créons un petit parc sur ce terrain vaquant afin que nos enfants puissent jouer en toute sécurité. Nous n'aurons plus à nous soucier de vitres cassées ou autres dommages causés à nos véhicules. »

On commence à bien s'amuser. On parle et, les gens hochent la tête en signe d'approbation. C'est un sentiment très satisfaisant lorsque les gens entendent notre message.

Les mots qui commandent sont des outils fantastiques pour amener les gens à être en accord avec nous, mais passons à quelque chose d'encore plus puissant.

AUTRES FAÇONS DE CRÉER UNE CONNEXION.

Afin de générer une connexion et une compréhension encore plus grande de la part des autres, voici trois autres compétences.

7. Écouter.

La connexion est plus facile si les gens nous apprécient. Et que préfèrent la plupart des gens : ceux qui parlent ou ceux qui écoutent ? La réponse est plutôt évidente.

Tout le monde souhaite être entendu. Lorsqu'on les écoute, les gens nous perçoivent comme étant le plus fin causeur dans l'histoire de l'humanité. Ils retournent à la maison et s'empressent de dire à leur douce moitié : « J'ai eu une conversation incroyable avec quelqu'un. J'ai parlé. La personne a écouté. Je n'ai jamais rencontré personne d'aussi doué pour la conversation. »

J'exagère un peu naturellement, mais c'est effectivement le sentiment que le fait d'écouter procure aux gens.

Pensez-y. Leurs patrons ne les écoutent pas. Leurs collègues de travail ne les écoutent pas. Leurs familles non plus. Si nous prenons le temps de les écouter, nous développons une connexion. Les gens vont nous adorer et souhaiteront croire ce qu'on leur dit. On adore être en accord entre amis.

À quel point est-ce difficile d'écouter ?

Si nous sommes introvertis, c'est chose facile. Nous n'avons qu'à rester plantés là. De plus, on pourrait même avoir un intérêt envers ce que les gens racontent.

Si nous sommes extravertis, c'est plus difficile, On doit mordre notre langue jusqu'au sang. Nous sommes si enthousiastes de partager notre information qu'on prend rarement le temps de donner à l'autre de l'espace et un sentiment d'importance en faisant une pause et en écoutant ce qu'elle a à dire.

Les extravertis ont de la difficulté à établir la connexion. Les gens qui les côtoient sentent qu'il y a peu de place pour eux dans la conversation. Lorsque les extravertis monopolisent la conversation, l'interlocuteur peut demeurer poli, mais il souhaite secrètement pouvoir participer à la conversation. C'est une dynamique à éviter si on souhaite établir une bonne connexion avec quelqu'un.

Par exemple lorsqu'on s'apprête à acheter quelque chose. Le vendeur parle, parle et parle encore. Il ne nous laisse aucune fenêtre pour commenter ou poser des questions. Que ressent-on ? Stress, ressentiment, frustration.

On doit permettre aux autres de parler. Alors si nous sommes plutôt extravertis, comment dompter nos esprits à devenir attentifs lorsque ce sont les autres qui parlent ?

Premièrement, on doit mettre de coté notre agenda caché. On désire instinctivement dire aux autres quoi penser, comment penser, quand penser, et quoi faire avec tout ça.

Deuxièmement, on devrait cesser de parler et plutôt tenter d'obtenir du feedback des autres. On veut qu'ils sentent qu'ils font partie de notre conversation.

Troisièmement, on devrait développer un intérêt marqué envers les connaissances que possèdent les autres. S'ils en savent plus que nous sur un sujet, on pourra prendre des notes entre nos deux oreilles afin d'accroître notre propre bagage de connaissances. Et si on possède une plus grande expertise qu'eux sur le sujet, on peut porter attention à leur mode de pensée sur le sujet. Ça nous aidera à mieux communiquer avec eux par la suite.

Écouter peut être difficile. Il existe des cours pour améliorer notre capacité à écouter. Mais si l'on fait un effort sincère pour s'intéresser à ce que les autres disent, nous allons créer une meilleure connexion.

8. Souligner une faille ou une imperfection dans notre proposition.

Les gens ne s'attendent pas à des solutions parfaites pour chaque problème. Lorsqu'on dévoile notre proposition, les autres commencent à émettre des jugements. Ils se mettent à analyser les bons **et** les mauvaises cotés. Pourquoi ? Parce qu'ils ont des programmes de survie eux aussi. Ils veulent s'assurer que notre proposition ne les blessera pas ou ne fera pas empirer les choses.

Mais lorsqu'on souligne une faiblesse dans notre proposition, ils se disent : « Tu es une personne juste. Tu n'essaies pas de m'embobiner pour servir tes intérêts. Au contraire, tu soulignes à la fois les points forts et les points faibles. Je n'ai donc pas à me soucier d'être manipulé. Tu m'aides même à voir les failles et les imperfections. »

Lorsque les gens nous perçoivent comme étant justes et honnêtes, ils nous font confiance et sont plus enclins à croire en nos idées. Ils sont prêts à soumettre nos idées à leurs cerveaux sans les teinter de jugement sévère et de scepticisme.

Chaque suggestion ou idée qu'on propose a son lot d'imperfections. Rien n'est 100% parfait dans le monde réel. Si on souligne un défaut mineur, on aide ceux qui nous écoutent à accepter le majeure partie de notre proposition. Nous avons établi confiance et connexion.

Vous voulez quelques exemples ?

Exemples # 1. « La diète basée sur la réduction des hydrates de carbones est une des méthodes les plus rapides pour perdre du poids. Le mauvais coté est que vous aurez une envie folle de pâtes et de frites durant les premières 72 heures. »

Exemple # 2. « Cette police d'assurance protégera l'équipe de notre lycée dans leur pratique de sports extrêmes. Mais puisque le budget de l'équipe en sera considérablement réduit, nous ne pourrons donc pas identifier l'autobus avec le logo de l'équipe. »

Exemple # 3. « Démarrer ta propre entreprise est excitant. Mais l'interaction et les discussions autour de la machine à café vont sans doute te manquer. »

Exemple # 4. « Cette voiture procure la meilleure accélération de sa catégorie. Cependant, tu risques de voir ta facture d'essence grimper si tu la conduis comme une formule un. »

Exemple # 5. « Cet ensemble à assembler à la maison nous épargnera beaucoup d'argent. Mais a-t-on vraiment envie de l'assembler nous-mêmes ? »

Exemple # 6. « Viens chez moi passer l'après-midi sur la terrasse et profiter du barbecue ce samedi. Tu devras faire une croix sur ton gazon et ton lavage de voiture, mais tu pourras toujours le faire un autre jour. »

Les gens adorent faire la conversation avec quelqu'un d'honnête. Lorsqu'on leur montre que nous sommes conscients des pour et des contre, les gens se sentent à l'aise avec nous.

9. Le langage corporel et les micro-expressions faciales.

Un étranger se présente à la porte. Nous faisons un balayage rapide du regard afin de déterminer si cet étranger sera classé ami ou ennemi. Encore une fois, c'est notre programme de survie qui s'active.

À quelle vitesse jugeons-nous cette personne ? Presque instantanément. Ça n'est pas équitable, mais c'est la façon qu'utilisent les humains pour survivre. Une seule erreur de jugement et c'est terminé. Alors nous sommes très prudents lorsqu'on rencontre quelqu'un pour la première fois.

Comment pouvons-nous juger ces étrangers aussi rapidement, avant même qu'ils n'aient prononcé un seul mot ?

Nous pouvons lire leur langage corporel, et leurs micro-expressions faciales. Les micro-expressions du visage se produisent trop rapidement pour que nous puissions les juger consciemment. Les humains peuvent créer jusqu'à 30 micro-expressions par secondes avec les muscles du visage. Quelques personnes arrivent à interpréter ces expressions de façon consciente, mais ce sont des spécialistes dans le domaine. Pour la plupart d'entre nous, il s'agit plutôt d'un sentiment que nous propose notre subconscient au sujet de cette nouvelle personne.

Nos subconscients ont accumulé une base de données de plusieurs milliers de visages d'étrangers rencontrés au fil des années. Ils cherchent des indices quant à leurs intentions. Une personne n'a pas besoin de se pointer avec un masque de hockey et une hache pour que nous puissions établir un jugement envers ses intentions. Si quelqu'un est mal intentionné envers nous, nos subconscients peuvent le détecter dans son visage.

Nos animaux domestiques ont aussi cette faculté de lire dans nos micro-expressions. On dit que les chiens peuvent se souvenir de chaque mouvement et chaque expression de leurs maîtres. Je ne sais pas si c'est entièrement vrai, ou même comment les chercheurs peuvent mesurer une telle chose, mais il y a certainement un fond de vérité.

Si par exemple un matin on traverse le salon et qu'on appelle notre animal de compagnie en disant : « Allez Rex ! Saute dans la voiture pour une petite balade. »

Rex nous regarde alors et court se cacher sous le divan. Pourquoi ? Parce qu'il sait très bien qu'il s'en va chez le vétérinaire.

Comment peuvent-ils deviner que c'est aujourd'hui le jour J ou plutôt V pour Vétérinaire ? Est-ce qu'ils ont fouillé notre agenda ? Non. Ils ont interprété nos micro-expressions faciales. Ils se souviennent de la dernière fois qu'on a utilisé ces mots : « Allez ! Saute dans la voiture pour une petite balade. » Ils se souviennent de ce jour là… où ils ont atterrit sur la table du vétérinaire, avec des aiguilles dans les fesses.

Nos petites bêtes le savent. Et les humains aussi. On analyse constamment le visage des autres en quête d'indices sur leurs intentions.

Alors que déduire de nos propres micro-expressions faciales et notre langage corporel ? Les gens qu'on rencontre nous analysent et nous jugent aussi en les observant.

Ouch ! Comment peut-on arriver à contrôler notre langage corporel ainsi que 30 micro-expressions faciales à la seconde ? Est-ce qu'on doit s'inscrire à un cours avancé sur l'art de contrôle tout ça ? Bien sûr que non.

Notre langage corporel et nos micro-expressions faciales sont le miroir des intentions qui nous animent. Si nous changeons nos intentions, elles se chargeront du reste. Faites la petite expérience suivante.

Imaginons-nous dans les chaussures d'un représentant des ventes. Tout juste avant de s'adresser à un client potentiel, on se tient debout devant un miroir. On se regarde droit dans les yeux et on dit : « Je vais écraser ce client comme un raisin ! Je vais le contraindre à accepter mon offre, peu importe son niveau de résistance. »

Si on entre dans le bureau de ce client potentiel avec cette intention en tête, il sera réfractaire et il résistera à notre attaque et à chacune de nos suggestions. Il ne saura peut-être pas pourquoi il résiste de cette façon, mais il sera instinctivement sceptique et réticent envers notre proposition.

Imaginons maintenant une autre approche. Juste avant de franchir la porte pour parler à notre client potentiel, on se place à nouveau devant le miroir. Cette fois, on se dit plutôt : « Ce client potentiel a un problème. Je vais lui offrir une autre option pour résoudre son problème. Il pourra ensuite décider si notre option lui convient ou pas. »

Lorsqu'on franchit la seuil de porte avec cette intention en tête, notre langage corporel de même que nos micro-expressions faciales sont très différentes… Le client potentiel sera davantage disposé à considérer et accepter notre option.

Oui, les gens peuvent lire nos intentions. Il faut donc s'assurer que nos intentions sont nobles et qu'elles s'animent dans notre langage corporel et notre visage au moment de dévoiler notre proposition.

Alors que dire de John Doe ?

Si John Doe avait pris le temps de se familiariser avec ces compétences pour établir un lien et une connexion, son audience lui aurait accordé un certain niveau de confiance et de crédibilité.

John disposerait maintenant d'une connexion avec des fondements solides. Il pourrait commencer à développer son pouvoir d'influence sur cette base de confiance et de crédibilité.

La prochaine étape : l'Influence.

Nous avons suffisamment de connaissances maintenant sur la compétence primaire et essentielle d'établir la connexion. Cette connexion est cruciale, mais elle ne suffit pas pour créer un pouvoir d'influence envers les autres.

Souvenez-vous qu'établir une connexion signifie : « Nous pouvons te faire confiance et croire ce que tu dis. »

Mais avoir de l'influence va plus loin : « On te fait confiance et on croit ce que tu dis. On te respecte. On respecte ton jugement. On désire aller de l'avant avec ta proposition. »

Voyons maintenant quels moyens peut prendre John Doe pour développer son pouvoir d'influence auprès de ses collègues de travail, ses amis, sa famille et même, avec les étrangers.

STRATÉGIES POUR CRÉER UN POUVOIR D'INFLUENCE AUPRÈS DES AUTRES.

Maintenant que nous avons établi une connexion avec notre auditoire, nous allons commencer à créer notre pouvoir d'influence.

Avoir de l'influence est plus simple lorsque les gens sont d'accord avec nous. Si les gens sont en désaccord avec nous, on devra consacrer plus de temps à établir la connexion. Nous pourrons ensuite passer au niveau supérieur : les influencer.

Il existe plusieurs façons de créer une connexion, et on souhaite aussi avoir en poche plusieurs stratégies pour mousser notre pouvoir d'influence. Certaines de ces stratégies seront simples et compatibles avec notre zone de confort. D'autres stratégies seront appropriées dans certaines situations, mais déconseillées dans un autre contexte.

Cela dit, avec un coffre d'outils rempli d'options, on peut sélectionner la bonne stratégie pour exercer le pouvoir d'influence désiré.

Commençons avec quelques stratégies qui permettront à notre mythique John Doe de créer un pouvoir d'influence auprès de ses collègues de travail.

CRÉER DE L'INFLUENCE : STRATÉGIE # 1.

Devenir l'organisateur.

Une œuvre de charité d'importance aux États-Unis utilise cette stratégie pour amasser des fonds. Une fois par année, elle mandate une personne par entreprise pour faire la tournée des employés et solliciter leurs dons. La plupart des gens optent pour un petit montant prélevé chaque mois de leurs revenus. La personne en charge fournit alors à ses collègues de travail le formulaire d'autorisation pour les prélèvements automatisés au nom de la fondation.

C'est un rituel annuel. L'œuvre de charité dit : « Donnez-nous votre argent, et nous nous chargerons de distribuer celui-ci aux organismes qui en ont le plus besoin. De cette façon, vous n'aurez pas à subir d'autres demandes de charité pour le reste de l'année. Prenez ce petit engagement envers notre fondation et on s'occupe du reste. »

John Doe s'est porté volontaire pour représenter cette œuvre de charité. Il n'a pas été élu. Personne ne l'a autorisé à faire le tour des bureaux pour inviter ses collègues à se joindre à la cause. Il s'est tout simplement porté volontaire. Et puisque personne d'autre n'a levé la main pour remplir le mandat, John n'avait aucune concurrence.

Maintenant, quel impact cette implication volontaire peut avoir sur la relation entre John et chacun de ses collègues de travail ?

Premièrement, la plupart de ses collègues le remarqueront pour la première fois. Deuxièmement, dans l'esprit de chacun d'eux, une petite graine a été semée : John semble être quelqu'un d'important. Il est chargé de mener à bien le dossier œuvre de charité pour le bureau cette année. Ses confrères de travail lui accordent inconsciemment un certain pouvoir. Avec ce pouvoir vient le respect. Et de ce respect découle... le pouvoir d'influence.

Est-ce que John a crée un immense pouvoir d'influence en se chargeant de la campagne de financement ? Non, mais il a fait des progrès. John jouit maintenant d'une certaine importance et d'un certain pouvoir dans l'esprit de ses confrères de travail.

Donc, devenir organisateur ou leader d'un groupe pour un projet ou un voyage est une bonne stratégie pour générer de l'influence envers les autres.

Dans cet exemple, John a fait un choix judicieux. Le mandat de recueillir les engagements était facile. Pas de vente. Pas besoin de convaincre. Les employés s'attendaient à ce que quelqu'un glisse le formulaire de dons annuels sur leurs bureaux.

John n'avait rien à perdre pour acquérir ce pouvoir d'influence. Il a emprunté le pouvoir et l'influence de l'organisme de charité. De plus, la direction de l'entreprise s'attendait à ce que tout le monde s'implique et donne quelque chose. La pression sociale entourant la cause rendait le travail de John facile. Tout ce qu'il devait dire c'est : « Voici votre formulaire. Indiquez combien d'argent vous aimeriez donner chaque mois et il sera tout simplement déduit de vos revenus. Je vais récupérer les formulaires un peu plus tard. »

Si on désire augmenter notre pouvoir d'influence, on ouvrir l'œil autour de nous pour voir ce qu'il serait possible d'organiser, ou un événement dans lequel il est possible de s'impliquer.

Et si on commençait par un voyage. Un groupe qui voyage ressemble à une meute de chats. Frustration garantie ! Organiser est un acte bénévole, peu de gens se porteront volontaires pour organiser un voyage de groupe. Quel type de voyage pourrions-nous organiser ?

Supposons qu'on travaille pour un bureau satellite. Toute l'équipe doit se rendre au bureau chef et quelqu'un doit se charger du transport en autocar. Quelqu'un doit aviser tout le monde de l'heure du départ. Et bien entendu, cette personne doit aussi aviser les passagers de l'heure de retour. La personne qui organise ce transport en autocar semble être la personne responsable, même si en réalité, personne ne lui a officiellement donné ce pouvoir.

On pourrait aussi organiser un voyage avec plusieurs familles qui prennent leurs vacances ensembles. Ou encore, un voyage de groupe pour assister à un événement sportif ou un spectacle.

Et que diriez-vous d'organiser l'échange de cadeaux ? Quelqu'un doit trouver un chapeau, découper des petits morceaux de papiers et inscrire le nom de tout le monde. Il faut ensuite faire en sorte que tout le monde pige un nom pour déterminer à qui ils devront offrir un cadeau.

Pourrions-nous organiser le party de Noël du bureau ? Facile. Nous n'aurons pas à supplier les gens d'y participer ; ils adorent célébrer ! Notre mandat pourrait par exemple se limiter à trouver un emplacement et une date propice.

L'organisateur assume le rôle de décideur, et cette implication lui procure un pouvoir d'influence.

Vous vous souvenez de l'organisateur de mon épopée de l'horreur en canot ?

Il lui a suffi de lancer l'idée à ses collègues de bureau. Aucune autre idée n'avait été soumise pour ce week-end là, alors nous avons répondu avec empressement : « Ça semble être une excellente suggestion ! » Et nous avons alors accordé de plein gré un pouvoir d'influence à l'organisateur de l'activité, ou plutôt à celui qui a lancé l'idée.

Tout le monde n'est pas créatif. Certaines personnes se laissent porter par la vie et s'impliquent un minimum. En générant quelques idées, on peut trouver plusieurs occasions de se transformer en organisateur.

Voici d'autres idées pour développer un pouvoir d'influence à titre d'organisateur :

- Un club de lecture.
- Une corvée de nettoyage communautaire.
- Trouver des volontaires pour les bureaux de scrutin électoraux.
- Un souper de Noel pour les sans abris.
- La partie de hockey amicale annuelle parents-enfants du quartier.

La plupart des gens se souviendront de nous en tant qu'organisateurs. Ce qui nous donne de l'influence auprès eux. Ils porteront non seulement attention à ce qu'on dit, mais ils seront plus enclins à adopter nos recommandations.

CRÉER DE L'INFLUENCE : STRATÉGIE # 2.

On peut déposer des crédits émotionnels de gentillesse.

Lorsqu'on fait du réseautage, les gens conservent un bilan de notre relation. Ce bilan prend note de l'aide qu'on leur a apportée versus l'aide qu'ils nous ont apportée. Si ont est déficitaire, notre pouvoir d'influence est réduit. Si on a un bilan positif, ils ressentent une dette émotionnelle envers nous et, ils voudront acquitter cette dette. Ils se sentiront dans l'obligation à tout le moins d'écouter nos idées et l'information qu'on souhaite leur partager.

Voici un exemple de dépôt de ces crédits émotionnels.

Imaginons que notre fille est coincée dans un immeuble en flammes. Quelqu'un brave l'incendie et lui sauve littéralement la vie. Nous créons instantanément une immense dette dans notre banque émotionnelle envers cette personne qui vient de sauver la vie de notre fille.

Bien entendu, les petites faveurs ne sont pas aussi lucratives en crédits émotionnels. Mais la plupart des gens remarquent ces petites faveurs et, avec le temps, elles s'additionnent. Voici quelques exemples de faveurs qui font pencher la balance des crédits émotionnels.

- Porter secours à quelqu'un dont la voiture est en panne.
- Suggérer une activité familiale abordable pour le week-end.
- Offrir une oreille attentive à quelqu'un qui vit une épreuve.
- Informer une amie qu'une vente est en cours dans son magasin favori.
- Apporter un repas chaud chez un ami malade.
- Écouter patiemment les histoires ennuyantes de quelqu'un.
- Aider quelqu'un à résoudre un problème informatique.
- Aviser quelqu'un qu'un film ou un spectacle qui pourrait les intéresser vient d'être annoncé.
- S'occuper des enfants de quelqu'un qui n'a pas trouvé de gardienne.
- Dîner avec quelqu'un et payer sa facture.
- Seconder l'opinion de quelqu'un dans une conversation de groupe.
- S'abstenir de juger leurs erreurs et pointer leurs échecs.
- Aider quelqu'un à trouver une personne clé.
- Donner un super filon à quelqu'un sur une ouverture de poste imminente.

Comme on peut le constater, chaque fois qu'on fait une faveur ou qu'on aide quelqu'un, cette action se transforme en crédit émotionnel. Cela contribue à augmenter notre pouvoir d'influence.

CRÉER DE L'INFLUENCE : STRATÉGIE # 3.

Parler en public. Oh la la !

La plupart des gens opteraient pour une chirurgie dentaire, un gâteau aux fruits moisi ou encore, une séance de torture plutôt que de devoir parler en public. Pour plusieurs, c'est l'équivalent d'un cauchemar éveillé.

On craint de se tenir debout devant un groupe et d'être embarrassé. On appréhende entre autres un blanc de mémoire et rougir de honte.

À cause de cette peur bleue, on respecte systématiquement toute personne qui parle en public. On attribue inconsciemment aux orateurs des qualités d'intelligence, d'influence et de leadership. Pourquoi ? Parce qu'ils savent s'exprimer en public.

Ces qualités pourraient ne pas être méritées, mais on leur accorde volontiers sans condition. Si ça nous permet d'éviter d'avoir à parler en public, on est heureux de demeurer assis sur notre chaise et se laisser influencer par un présentateur. On lui permet de guider nos pensées et parfois, nos actions. Les gens qui parlent en public occupent un piédestal dans notre esprit.

Ils sont en charge. Ils parlent, nous écoutons. Ils dirigent les pensées du groupe. On a tendance à suivre leurs suggestions et se joindre à la masse.

Quelle est cette personne debout devant nous ? Eh bien, probablement l'expert. Et bien entendu, cela signifie que cette personne mérite pouvoir et influence.

Cela dit, **qui** devrait prendre la parole devant le groupe ? Cette personne, ça devrait être nous !

Et si le simple fait de s'imaginer debout à l'avant d'un groupe nous traumatise, que devrions-nous faire ?

Si on souhaite accroître notre influence, on doit surmonter cette peur irrationnelle. Eh ! Oh ! Facile à dire mais difficile à faire !

Attaquons-nous à notre peur de parler en public dès maintenant. Beaucoup de gens ont vaincu cette peur, et nous le pouvons aussi. Apprenons comment la réduire progressivement. Voici quelques trucs qui ont fait leurs preuves :

1. En savoir plus que notre auditoire. Si on s'installe devant un groupe d'enfants à la garderie pour parler de lecture, aucun problème. On peut difficilement être intimidé ou embarrassé par un groupe d'enfants de moins de cinq ans. Même s'ils tentaient de nous mettre en boîte, notre connaissance du sujet nous permettrait de s'en sortir indemnes. Sans oublier que l'éducateur en place pourrait bien froncer les sourcils pour les ramener à l'ordre.

Dans le dernier exemple, nous en savons plus que notre auditoire. Et lorsqu'on devient expert dans notre domaine, nos peurs s'estompent. C'est donc une bonne raison de devenir un micro-expert dans un domaine précis. De cette façon, nous serons toujours la personne ressource sur le sujet dans la pièce. On reparlera des avantages de devenir un micro-expert plus tard.

Vous voulez un aperçu de la situation inverse ? Si vous optez pour un sujet que votre audience maîtrise beaucoup plus que vous, attendez-vous à de sueurs froides et bien d'autres expériences désagréables qu'il vaut mieux ne pas évoquer.

Aucun conférencier ne souhaite que son auditoire en connaisse davantage sur son sujet que lui-même, ou du moins, l'angle par lequel il aborde son sujet. Devenons experts dans des créneaux extrêmement pointus et nous serons plus confiants de partager nos connaissances devant un groupe.

Le mot d'ordre… Préparation. Préparation. Préparation. On peut ensuite se détendre lorsqu'on s'adresse à des gens qui en connaissent moins que nous sur un sujet.

2. La pratique. D'abord seuls. Chaque mots et phrases deviennent des virelangues la première fois. Mais inutile de s'en soucier parce que la seconde fois, les mots et les phrases couleront plus aisément. La première fois est la plus pénible. On développe des aptitudes pour dire les choses et on donne du muscle à notre mémoire avec une pratique ou deux.

Ensuite, on pratique devant des gens.

Vous désirez vraiment développer un pouvoir d'influence ? Joindre un club Toastmaster ou prendre un cours pour s'exprimer en public de Dale Carnegie vous fera faire un grand bout de chemin. Ces deux organismes ont pour vocation de nous aider à vaincre cette peur. Ne vous en faites pas, vous débuterez tout en douceur. On ne fait que dire quelques mots lors de la première rencontre.

Est-ce que votre investissement en temps sera récompensé ?

Absolument. Songez à toutes les occasions où on s'impose un handicap en nourrissant cette peur de se lever et s'exprimer. Lorsque cette peur s'estompe, c'est un poids énorme qui disparaît de nos épaules.

On peut maintenant partager nos opinions ouvertement. Les gens autour de nous ne disent rien. La peur de parler en public les paralyse, et ils nous accordent le droit de nous exprimer donc, par conséquent, un pouvoir d'influence.

À quels endroits peut-on trouver d'autres opportunités pour parler en public ? Voici quelques idées.

1. À la rencontre parents et professeurs de l'école.

2. À la soirée Méritas de notre fille.

3. On peut se porter volontaire comme maître de cérémonie au mariage de notre cousin.

4. Aux dîners de notre chambre de commerce locale. On bénéficie habituellement d'un repas gratuit en échange d'une petite allocution de 15 minutes dans notre champ d'expertise.

5. On peut présenter des suggestions voyages à la rencontre mensuelle de notre association ou club.

6. On peut exposer nos idées au regroupement des propriétaires de maisons pour réduire les dépenses courantes.

7. Offrir d'être porte-parole pour un organisme de bienfaisance local. Ils cherchent toujours quelqu'un pour mettre en valeur leur mission sociale auprès de divers groupes.

8. Proposer d'offrir un cours aux adultes en soirée.

9. Partager une passion ou un talent en offrant un atelier au centre communautaire local.

10. Être le premier volontaire dans l'audience à prendre le microphone et poser une question lors d'une assemblée.

11. Se proposer pour faire la lecture des nouvelles règles et consignes au bureau.

12. Lire les notes de la réunion ou les rapports au prochain meeting.

Il y a une tonne de possibilités pour pratiquer ; tout ce qu'il faut faire, c'est se porter volontaire.

Mais je dois surmonter cette peur rapidement !

Nous avons besoin d'un raccourci maintenant. Attendre qu'une classe démarre pourrait prendre trop de temps. Comment pouvons-nous vaincre notre peur de parler en public dans les dix prochaines minutes ?

Trouvons une solution.

Quelles sont les deux plus grandes peurs reliées au fait de s'exprimer en public ?

1. La peur de vivre un blanc de mémoire, nous laissant debout devant la foule avec la bouche ouverte et la rougeur qui envahit notre visage. Chaque seconde semble durer une éternité.

2. On craint d'être jugés par les autres. On se demande s'ils se lasseront de nous écouter. S'ils quitteront le local pendant notre allocution. Penseront-ils que nous sommes incompétents ? Et s'ils ne prêtaient aucune attention à ce qu'on dit ?

Ce sont des peurs bien réelles. Cependant, on peut vaincre ces deux peurs rapidement. Comment ?

En racontant une histoire.

Ce raccourci fait de nous un orateur intéressant et efficace instantanément.

Voyons comment le fait de raconter une histoire résout ces deux grandes peurs.

Supposons que quelqu'un nous demande comment nous nous sommes rendus au bureau aujourd'hui. Pourrions-nous répondre ? Bien entendu. On sait tous comment on s'est rendu au bureau aujourd'hui.

Nous pourrions dire :

« Je suis monté dans ma voiture, j'ai reculé dans l'entrée et j'ai emprunté la 5e rue. Dès que j'ai emprunté l'autoroute

109, j'ai fait un virage à gauche pour me diriger vers le centre-ville. De toute évidence, je souhaitais me rendre au bureau avec un peu trop d'empressement car un officier de police m'a demandé d'immobiliser mon véhicule pour m'interviewer. J'ai ensuite reçu une contravention afin de m'aider à me souvenir des limites de vitesse dans le futur. J'ai alors poursuivi mon trajet sur l'autoroute 109, jusqu'à la sortie de l'avenue Commerciale. Je suis ensuite entré dans le stationnement et je me suis garé. J'ai verrouillé mon véhicule. J'ai emprunté l'ascenseur jusqu'à l'étage du bureau, et c'est ainsi que je suis arrivé au bureau aujourd'hui. »

Pourquoi arrive-t-on à se souvenir de chaque étape de l'histoire ? Parce que c'est une histoire.

Les esprits humains sont avides d'histoires. On les adore. Et nos cerveaux pensent sous forme d'histoires. Il y a beaucoup plus à dire à ce sujet, mais on y reviendra plus tard.

On peut étudier pour un examen d'histoire, mais 15 minutes après avoir terminé, on ne se souvient plus de rien. On peine à se souvenir des faits.

Mais les histoires ? On arrive à se souvenir de l'histoire d'un film que nous avons visionné il y a trois ans. Notre cerveau se souvient des histoires et des détails.

Alors si on doit s'exprimer, faisons-le avec une histoire. On n'aura plus jamais à se soucier du fil de notre présentation.

La peur # 1 (blanc de mémoire) est maintenant chose du passé.

Mais qu'en est-il de la peur # 2 ?

Et si nous craignons le jugement des autres lorsqu'on s'exprime en public ?

La réponse est encore une fois : les histoires.

Notre auditoire est constitué d'êtres humains. Les gens sont accrocs aux histoires. C'est la raison pour laquelle ils adorent les livres… et les films… et les potins d'Hollywood. Les histoires sont comme une montée d'adrénaline dans nos cerveaux.

Quand les enfants sont âgés de deux ans, dès qu'ils arrivent à formuler une première phrase, ils disent : « Maman, papa, s'il-te-plait, raconte-moi une histoire. » Ils adorent les histoires.

Nos histoires génèrent de petits films dans l'esprit des autres. Ils ressentent qu'ils font partie de l'histoire. Si on passe tout près d'un petit groupe et qu'une personne y raconte une histoire, qu'est-ce qui nous vient à l'esprit ? Notre cerveau dit : « Arrête. Tu dois écouter cette histoire. »

Les histoires captent notre attention. On désire en connaître le dénouement. Les histoires stimulent un programme majeur dans nos cerveaux : celui de survie. Les histoires nous éduquent sur la façon de survivre dans le futur si on est confrontés à des expériences similaires.

Alors on s'asseoir autour d'un feu et on se raconte des histoires. Quelqu'un dit : « Lorsque tu vois un très gros chat avec des dents longues et acérées, tiens-toi à l'écart si tu veux éviter de lui servir de souper. »

Les histoires s'accumulent et forgent notre éventail de comportements en mode survie. Dans le futur, si on grimpe en montagne et qu'on croise un très gros chat avec des dents longues et acérées, notre programme de survie dira : « Même si je n'en ai jamais vu auparavant, ils sont dangereux. Souviens-toi de cette histoire autour du feu ? Ne t'approche pas de ce chat. »

Plusieurs raisons expliquent pourquoi les humains sont attirés par les histoires. Il faut une histoire absolument nulle pour que personne ne s'y intéresse.

Lorsqu'on raconte une histoire, les gens sont mentalement sur le bout de leurs sièges. Ils désirent en connaître la suite et la fin.

Je crois bien que nous avons résolu la seconde peur (du jugement).

Les gens adoreront nos histoires. Ils ne se sauveront pas. Ils voudront à tout prix connaître la fin de notre histoire.

Et notre peur de s'exprimer en public ? Évaporée.

Donc, on peut surmonter la peur de s'exprimer en public en racontant une histoire.

Quel pouvoir d'influence nous procurera le fait de parler en public ?

Plus qu'on ne pourrait le penser. Beaucoup plus. Et notre confiance en soi y gagne beaucoup aussi.

Peu de gens souhaitent parler devant un groupe. Peu de gens défieront les idées mises de l'avant par quelqu'un qui possède un pouvoir d'influence. Et qui est cette personne influente ? Ce serait nous. Nous avons pris l'initiative de nous lever et vaincre notre peur de nous exprimer en public.

CRÉER DE L'INFLUENCE : STRATÉGIE # 4.

Utilisons des histoires.

Aux rassemblements de famille, j'adore faire l'idiot avec mes petits enfants, nièces et neveux. Comme tous les enfants, ils adorent entendre des histoires. Ils sont impatients de les entendre. Ils me supplient de leur raconter des histoires.

Je démarre l'histoire avec des faits crédibles. Je fais référence à des gens qu'ils connaissent et des choses avec lesquelles ils sont familiers.

Ensuite, lentement, je transforme les faits en quelque chose d'incroyable. Mais ils continuent à croire l'inconcevable, parce que l'histoire a débutée avec des faits indestructibles.

Lorsqu'ils retournent vers leurs parents pour raconter à leur tour la même histoire, leurs parents roulent les yeux avec un air découragé. Ils leur recommandent alors : « Ne croit plus jamais ce qu'il raconte ! » Quelques semaines plus tard, l'histoire se répète quand même. Le cerveau humain possède certaines failles.

Les gens adorent les histoires. Les histoires nous permettent de glisser notre message à l'intérieur de leurs têtes. Si nous arrivons à broder notre information et nos faits à l'intérieur d'une histoire, ce sera plus facile pour les autres de laisser entrer notre message.

Analysons nos esprits. Afin de nous protéger, nous disposons de certaines défenses naturelles. Lorsqu'un étranger s'adresse à nous, nos esprits soulèvent instinctivement ces barrières :

- Sois prudent. Ne croit pas à ce que dit cet étranger.
- Sois sceptique. Les étrangers ont des agendas cachés.
- Sois négatif. On doit se prémunir contre les nouvelles idées et informations qui pourraient être fausses.
- Active le filtre « trop beau pour être vrai. »
- Pose-toi la question : « Où est l'attrape ? »

Lorsqu'un étranger s'adresse à nous, ses mots rebondissent sur notre front et tombent sur le plancher. On résiste naturellement aux nouvelles informations que des étrangers nous fournissent.

Mais les histoires contournent ces défenses.

Lorsqu'on entend une histoire, notre esprit réagit ainsi : « Une histoire ? Fantastique ! » Nous sommes comme des chiots qui attendent leurs friandises. Nos cerveaux sont assoiffés d'histoires.

C'est un outil simple et efficace pour influencer les connaissances et les opinions des autres. Nous emballons tout simplement notre message dans une histoire.

Pour préparer notre auditoire, on peut lui signaler qu'on s'apprête à raconter une histoire. Voici quelques formules que nous pouvons utiliser :

- « Il était une fois. »

C'est comme si on hurlait : « Attention ! Histoire droit devant ! » Mais c'est encore plus que ça. Cette formule nous fait revivre de précieux sentiments qui remontent à l'enfance. Pourquoi ne pas semer la bonne humeur dans notre auditoire ?

- « Lorsque j'étais jeune. »

La plupart des gens seront curieux d'apprendre ce qui nous est arrivé lorsque nous étions jeunes. Ce doit être important si on leur partage maintenant.

- « Je peux te dire un secret ? »

La curiosité triomphe toujours. C'est un des programmes les plus enracinés du cerveau humain. Comment une personne pourrait résister à un secret qu'on s'apprête à lui partager ?

- « Laisse-moi te raconter ce qui m'est arrivé. »

Les gens sont polis. Ils nous donneront la permission de leur raconter notre histoire.

Il y a une foule d'autres formules extraordinaires, mais l'important est de comprendre l'objectif de base :

1. Signaler aux autres que nous allons raconter une histoire.

2. Voir leurs yeux s'illuminer.

3. Envelopper notre message à l'intérieur d'une histoire.

4. Observer de quelle façon notre histoire influence notre auditoire.

Y a-t-il d'autres types d'histoires ?

Bien sûr que oui. Il existe plusieurs types d'histoires que nous pourrions raconter. Par exemple, « l'avant et l'après, » les histoires de transformations. Les témoignages sont le parfait exemple de cette technique. Voici à quoi ça pourrait ressembler.

« Laissez-moi vous raconter ce qui est arrivé à ma fille. Je ne croyais pas qu'elle arriverait un jour à rattraper sa classe de lecture. Peu importe les efforts déployés, elle n'arrivait pas à rejoindre le groupe. Après seulement trois séances sur la plate-forme ‹ Mon prof privé, › son niveau de lecture a bondi de trois niveaux. C'est la raison pour laquelle nous la recommandons à tous les parents dont les enfants éprouvent des difficultés en lecture. »

Notre message est maintenant imprégné dans la tête de notre auditoire. Les histoires simplifient les choses. On n'a pas à être un raconteur d'histoires professionnel, ne vous en faites pas. La plupart d'entre nous racontons des histoires sans efforts. Nous avons raconté des histoires toute notre vie.

Est-ce qu'on désire que nos histoires soient plus intéressantes ?

Nos histoires devraient être assaisonnées d'une pointe de drame et/ou de tension. Voici le squelette d'une bonne histoire.

1. Il y avait un problème.

2. Voici ce qui s'est produit.

3. Et finalement, la situation actuelle. (Problème résolu habituellement.)

Pas si compliqué n'est-ce pas ? Il faut remarquer que l'histoire a débutée par un problème… N'est-ce pas de cette façon que nos films favoris démarrent ? S'il n'y avait pas de tension, de drame ou de problèmes, l'histoire serait ennuyante.

Serions-nous intéressés par une histoire comme celle-ci ?

« Une mère adore ses enfants. Elle les aime au quotidien. Et elle continuera de les aimer dans le futur. »

Cette histoire ne ferait pas les manchettes et ne ferait sans doute pas la une des journaux nationaux.

Ceci dit, l'histoire serait beaucoup plus intéressante si elle s'articulait comme suit.

« Une mère adore ses enfants. En se réveillant ce matin, ses enfants avaient disparus. Et le seul témoin est un perroquet accroc aux craquelins, difficile à comprendre qui parle sur le bout de la langue. »

Ça n'est peut-être pas une intrigue digne d'un best seller, mais on saisit l'idée générale. Notre histoire devrait positionner un problème dès le départ.

Les vendeurs oublient de le faire.

Lorsqu'ils s'adressent aux prospects, la plupart des vendeurs ont l'habitude de se lancer dans de longues présentations. Ils élaborent encore et encore sur les bénéfices et les caractéristiques des produits de leur compagnie. Sans oublier de décrire en détails l'historique et les reconnaissances reçues par leur entreprise.

À quoi pensent alors les prospects ? Sauve qui peut !

C'est ce qui explique en partie le fait que la plupart des gens détestent les vendeurs. Bien entendu, les films est la télévision présentent souvent les vendeurs sous un angle négatif, ce qui alimente notre scepticisme.

On peut maintenant comprendre pourquoi les vendeurs ont tant de difficulté à générer un pouvoir d'influence significatif envers de leurs prospects.

De quoi devraient parler les vendeurs ?

De leurs prospects. Quel est le sujet le plus passionnant pour les prospects ? Eux-mêmes. Oui. Les prospects sont égoïstes, comme tout le monde d'ailleurs. Nous sommes et seront toujours la personne la plus importante dans notre vie.

On doit vendre nos idées aux autres.

Si on doit vendre nos idées à notre auditoire, il faut parler d'eux. Ils pourront au moins apprécier notre sujet. :)

Mais pouvons-nous être encore plus efficaces ? Oui. En parlant des problèmes qu'ils vivent. Tout le monde pense à son propre nombril presque tout le temps. On se soucie de nos problèmes. Alors lorsqu'on parle des problèmes dans la vie de notre auditoire, on arrive à capter toute son attention.

Ensuite, on raconte une histoire dans laquelle on a résolu des problèmes similaires pour les autres. L'audience se cramponne avec désespoir à chaque mot qui sort de notre bouche. Ils sont prêts à écouter.

Jetons un œil à cette présentation de vente utilisée par un vendeur de toitures. Il y raconte une histoire. Nous écoutons. Le vendeur dit :

« La tempête de la semaine dernière a été terrible. Toutes les toitures en ville ont subies des dommages. Je sais que vous êtes inquiets face à la prochaine pluie qui pourrait créer d'importants dommages en s'infiltrant à l'intérieur. Vous souhaitez vite retrouver un toit étanche qui protégera vos biens les plus précieux. Voici ce que nous avons fait pour plusieurs de vos voisins. Nous avons installé un toit temporaire en quelques heures seulement. Cette structure temporaire évitera tout dommage supplémentaire à vos biens, et elle protègera votre maison jusqu'à ce qu'une nouvelle toiture permanente puisse être installée. »

C'était une histoire simple pour relater les événements. Le vendeur de toiture a mis en place le problème dès le début de l'histoire. Ça ne requiert pas de compétences extraordinaires vous en conviendrez.

Essayons une autre histoire.

Imaginons que nous sommes candidats dans une campagne électorale. Nous devons influencer les électeurs afin de les inciter à voter pour nous et, à se rendre au bureau de scrutin. Notre discours de campagne pourrait ressembler à ceci.

1. « Nous avons élu le parti anti-entreprises il y a trois ans. Ils ont fermé les industries corrompues, les industries polluantes, et les compagnies qui exploitaient leurs employés. Ils ont ensuite taxé 100% des profits des

compagnies encore debout pour subventionner encore plus de programmes. Malheureusement, puisque toutes les entreprises ont fermé leurs portes, le taux de chômage a grimpé en flèche. » (Positionnement du problème.)

2. « Sans emplois, difficile d'honorer les paiements de nos voitures et de nos maisons. » (Ce qui s'est produit.)

3. « Alors nous sommes maintenant en difficulté, les banques sont en difficulté aussi, et notre économie local est lourdement affectée. (Voici la situation actuelle.)

4. « Votez pour mon équipe et moi au prochain mandat afin que nous puissions corriger les erreurs du passé. » (Nous voulons les inciter à voter pour nous et se rendre au bureau de scrutin.)

Aucune opinion politique des auteurs ne devrait être déduite de cet exemple. Nous désirions tout simplement illustrer la structure du discours utilisé par les politiciens pour influencer les électeurs à voter pour eux.

Que diriez-vous d'une autre histoire ?

« Nous sommes présentement au 49e rang sur 50 écoles de district dans l'état. C'est une honte. Nous étions jadis dans le top 5 et nous recevions constamment des prix d'excellence. Nos professeurs étaient bien rémunérés et heureux. Nous avons dû réduire le salaire de nos professeurs et nous avons perdu nos meilleurs professeurs qui ont migré vers d'autres institutions. Nous avons maintenant plus d'absentéisme au sein du corps enseignant et on doit défrayer davantage en salaires pour des remplaçants. Notre école de district n'a finalement rien épargné avec cette politique de réduction des salaires. Pour un coût similaire, nous avons hérité d'une éducation médiocre pour notre district. »

Est-ce que ce type d'histoire ébranle les gens ? Est-ce qu'on peut influencer les gens avec nos histoires ? Oui.

Nos meilleures histoires se gravent dans l'esprit des gens. Ils n'arrivent plus à effacer notre histoire de leurs cerveaux. Les histoires secouent les pensées dans leurs esprits jusqu'à ce qu'ils soient finalement prêts à passer à l'action.

Comment emballer nos faits et informations dans des histoires ?

Voici d'autres exemples.

Le fait tout cru : « Il n'y a pas suffisamment d'espaces de stationnement pour nos employés et nos visiteurs. »

Même fait, version histoire : « Notre meilleur client est venu nous visiter aujourd'hui. Et puisqu'il ne restait plus aucun espace de stationnement disponible, il a dû se garer chez notre compétiteur. Il en a profité pour le visiter. Il y a quelques minutes, j'ai reçu une annulation de sa dernière commande. »

Ayoye ! Quelqu'un va certainement se pencher sur ce problème et le régler.

Le fait tout cru : « Je sais que je suis seulement à la maternelle, mais j'ai vraiment besoin d'une paire de jeans griffés à 80$. »

Même fait, version histoire : « Je sais que tu m'as dit d'être courageux à ma première journée d'école. Mais tous les autres enfants portaient des jeans griffés sauf moi. Ils se sont moqués de moi. J'ai essayé de ne pas pleurer. Ils ne voulaient pas jouer avec moi non plus. Ils m'ont dit de rester loin d'eux dans l'aire de jeux. Personne ne voulait parler avec moi. Je suis désolé, j'ai vraiment fait de mon mieux pour être courageux. »

Devinez qui part magasiner ?

Oui, les enfants maîtrisent cet art naturellement.

Le fait tout cru : « Ce bâton de golf s'appelle le tomhawk. Il ajoute des verges à ton swing. »

Même fait, version histoire : « Imagine que ton patron fait partie de ton foursome. Tout le monde frappe sa première balle à un peu plus de 200 verges par précaution. C'est maintenant votre tour. Votre patron vous regarde droit dans les yeux et dit : ‹ On doit battre ces gars là. › Vous fouillez alors dans votre sac pour sortir votre arme secrète, le tomahawk, de même qu'un tee et une balle. Et vlan ! Votre balle se projette à plus de 300 verges, en plein milieu du fairway. Votre patron vous regarde à nouveau et dit : ‹ Nous devons parler de ce poste de vice-président à notre retour au bureau. › »

Devinez qui achètera un bâton tomahawk aujourd'hui ?

Un tantinet exagéré ? Bien entendu. Mais nous avons été intrigués par l'histoire. Et est-ce que cette histoire a présenté le bâton tomahawk comme étant vraiment spécial ? Oui.

Les histoires créent de fantastiques connexions avec les gens. On se souvient des histoires autour du feu et devant un bon latté au café du coin.

Si nous emballons nos messages dans une histoire, nous pouvons influencer les esprits de notre auditoire et les amener à passer à l'action.

CRÉER DE L'INFLUENCE : STRATÉGIE # 5.

Devenez un micro-expert.

Les gens respectent les experts et suivent leurs recommandations.

Pour devenir expert en médecine, nous devrons investir huit à dix ans de nos vies dans les universités. Pour devenir un expert en systèmes informatiques ou en ingénierie, il faudra aussi plusieurs années d'études et d'expériences.

Mais pourquoi opter pour un champ d'expertise aussi vaste ? Pourquoi ne pas devenir experts dans quelque chose de très pointu ? N'importe qui peut devenir un expert rapidement en fouillant un sujet particulier sur le web.

La quantité de connaissances et d'informations disponible sur le web est presque infinie. Personne ne peut assimiler toute cette information ; c'est humainement impossible.

Si on focalise sur un sujet très pointu, nous en saurons plus que 99.99% des humains sur cette planète. Ce qui fera de nous un… micro-expert.

Micro-expert à quel point ? Imaginons un exemple extrême.

Supposons qu'on décide de devenir un expert des comportements sociaux des cochons dingues qui vivent en haute altitude comme en Équateur. Après avoir lu un seul article sur internet, nous en saurions plus à ce sujet que tout le monde au bureau. Lisons quatre ou cinq articles, et nous en saurons plus que presque tout le monde en ville.

Ceci dit, est-ce qu'on souhaite vraiment devenir un expert des comportements sociaux des cochons dingues vivant en haute altitude ? Probablement pas. Le point à retenir est qu'il y a tant de connaissances disponibles que personne ne peut devenir un expert en tout. Les gens recherchent les experts. Ils sont conscients qu'ils ne peuvent pas tout connaître ou être experts en tout. Les gens se tourneraient donc vers nous pour notre connaissance des cochons dingues.

Imaginons que l'on vend des produits de perte de poids. Plutôt difficile de devenir expert en diètes. Les gens s'attendraient à ce qu'on possède une formation médicale, un doctorat en sciences ou encore, que nous ayons plusieurs années de recherches derrière la cravate. Notre stratégie pour alors être de devenir experts dans une niche très pointue de la perte de poids. Voyons ce que nous pourrions faire.

1. On pourrait devenir experts en exercices.

C'est une idée, mais il y a déjà une tonne d'entraîneurs personnels et d'experts disponibles sur le marché. Trop de concurrence signifie que nous devrions assimiler beaucoup, beaucoup de connaissances afin de se démarquer. On doit donc miser sur quelque chose de plus pointu.

On prend pour acquis que les gens en surplus de poids ont horreur de faire de l'exercice et se rendre au gym. Ils détestent le rituel de s'habiller dans des vêtements d'exercices pour prendre une marche ou courir et devenir une cible pour les chiens des voisins. Alors que peut-on faire ?

On peut devenir experts dans trois ou quatre exercices que les gens en surplus de poids ont de la facilité à effectuer. Ces personnes viendront alors à nous et diront : « J'ai eu ouï-dire que vous avez des exercices facile à faire. » Il ne reste plus qu'à expliquer ces exercices. Nous avons établi un pouvoir d'influence. Nous sommes experts dans ces exercices faciles. Et ils achèteront ensuite nos produits de diète. Après tout, nous sommes des experts.

2. Imaginons que nous sommes consultants en énergie.

On recommande aux familles de changer de fournisseur pour leurs factures d'électricité. La plupart de ces familles refusent. L'économie mensuelle est minime et elles considèrent que le changement n'en vaut pas la peine. On pourrait alors devenir un expert en couponing pour épargner de l'argent.

Les groupes communautaires et clubs sociaux pourraient alors nous inviter à donner un atelier à ce sujet. On donne alors à l'auditoire une foule d'astuces pour utiliser des coupons et épargner de l'argent. Nous plaçons ce groupe dans l'état d'esprit « économies. » Nous sommes experts en coupons. Ce sera maintenant chose facile de les amener à changer de fournisseur pour leur facture d'électricité. Après tout, on en sait plus sur l'art d'épargner de l'argent et utiliser des coupons que la majorité des gens.

3. En tant que banquier de la région, on devient l'expert ultime dans la réduction des paiements sur l'hypothèque.

Nous écrivons même de petits articles pour le journal local. Tout le monde dans la communauté sait que : « Lorsqu'il s'agit d'épargner de l'argent en optimisant ses paiements d'hypothèque, nous sommes l'expert à consulter. »

Lorsque que quelqu'un entre dans la banque pour poses des questions sur son hypothèque, il vient directement vers nous, l'expert en réduction de paiements d'hypothèques. Et puisque nous sommes considérés comme des experts, ils assument automatiquement que nous sommes experts dans toutes les autres spécialités bancaires. Ils nous accordent toute leur confiance. Nous avons alors le pouvoir d'influence nécessaire pour leur proposer de meilleurs produits bancaires.

4. L'équipe sportive locale a besoin d'un nouveau gérant.

Mandat ? Superviser les finances du club et organiser la rencontre mensuelle des membres. Si on devient un expert dans les règles et procédures pour mettre en place et présider une réunion efficace, nous gagnerons le respect des membres. Les rencontres se dérouleront tout en douceur. Et puisque nous sommes experts en gestion de meetings, les membres assument que nous serons efficaces dans toutes les situations de gestion ou de direction. Nous pourrons certainement influencer le vote des membres de l'équipe sportive.

5. Marie vend des produits de soins de peau et cosmétiques.

Elle ne possède aucun diplôme en cosmétologie ni en biochimie, mais elle désire influencer les gens en les incitant à prendre soin de leur peau. Marie décide donc de devenir micro-experte en alternatives au Botox.

Partout où elle va et chaque fois qu'elle converse, elle glisse un mot à propos des alternatives au Botox. Les gens prennent pour acquis qu'elle possède une expertise dans toutes les sphères de la cosmétologie. Elle jouit donc d'un excellent pouvoir d'influence lorsqu'elle recommande ses produits.

6. Solutions naturelles pour le soulagement de la grippe.

Lorsque le froid s'installe, plusieurs personnes attrapent la grippe. Ils reniflent sans cesse et se sentent misérables. Ils sont alors réceptifs envers les solutions pour éliminer ces symptômes désagréables et se sentir mieux. Si on devient expert dans les solutions naturelles pour remédier aux symptômes de la grippe, ils viendront à nous. Par la suite, ils seront beaucoup plus enclins à suivre nos recommandations en matière de santé.

7. Conseiller en cartes de crédits.

En consacrant aussi peu qu'une heure par semaine en recherches, on peut être au fait des dernières offres en matière de cartes de crédit. Certaines cartes offrent des points supplémentaires. D'autres cartes offrent des retours en argent. Frais plus bas, frais plus élevés et aucun frais. En étant reconnus comme experts en cartes de crédit, devinez qui ils viendront consulter ? Et quelles sont les chances qu'ils suivent nos recommandations et conseils dans d'autres domaines ? Excellentes.

Notre pouvoir d'influence provient du fait que nous avons amassé plus d'informations. Tout ce qu'il nous reste à faire, c'est de partager les offres de cartes de crédit les plus récentes, et qui répondent le mieux à leurs besoins. Les gens s'en souviendront et ils viendront à nous tout naturellement lorsque viendra le temps de demander une nouvelle carte de crédit. Et qui sait ? Peut-être que ce pouvoir d'influence nous sera utile pour émettre d'autres conseils d'ordre financier.

Ce que les humains prennent pour acquis.

Si nous sommes experts dans un domaine pointu, les gens prennent pour acquis que nous le sommes aussi dans d'autres domaines. C'est peu probable en réalité, mais c'est ce qu'on perçoit instinctivement en tant qu'humains. Si on souhaite gagner le respect des autres, une façon simple d'y arriver est de devenir expert en quelque chose. N'importe quoi.

Devenir un micro-expert peut être encore mieux que devenir un expert en tout. D'abord, c'est plus simple d'y arriver et, c'est plus facile de décrire ce qu'on fait.

Si on porte attention aux statistiques des publications vidéo sur internet, on trouvera beaucoup de micro-experts avec des tonnes de visionnements à leur actif. C'est un bon indice. Devenir un micro-expert dans quoi que ce soit nous aide à acquérir d'avantage de pouvoir d'influence auprès des autres.

En tant que micro-experts, notre auditoire sera plus restreint. Mais nous disposerons d'un plus grand pouvoir d'influence avec une audience réduite. Elle se nourrira de notre expertise spécifique.

Voyez-le ainsi.

Lorsque notre ordinateur nous laisse tomber, est-ce qu'on a besoin d'une vedette de cinéma avec un large pouvoir d'influence ? Ou est-ce qu'on souhaite plutôt l'aide d'un crac en informatique qui, avec ses connaissances spécifiques, saura remettre notre ordinateur sur les rails ?

À titre de micro-experts, on trouvera le respect et le pouvoir d'influence tant convoités.

CRÉER DE L'INFLUENCE : STRATÉGIE # 6.

Devenir un conseiller digne de confiance.

C'est une position très différente de celle du vendeur qui tente de vendre quelque chose à des prospects sceptiques. Les gens recherchent et attendent avec impatience les conseils avisés d'une personne de confiance.

Si on souhaite que les autres nous perçoivent comme un conseiller digne de confiance, on a besoin de deux ingrédients :

> 1. La confiance. Dans les premiers chapitres de ce livre, nous avons appris les bases pour établir une bonne connexion et gagner la confiance des gens.

> 2. Conseils. Puisque nous sommes des micro-experts, nos conseils doivent être plus avisés que ceux que notre interlocuteur peut obtenir partout ailleurs.

Que se passe-t-il lorsqu'on devient un conseiller de confiance ?

Non seulement les gens attendent impatiemment notre recommandation, mais ils désirent l'adopter rapidement. Ils ne sont pas portés à hésiter ou à la questionner. En fait, ils ont plutôt tendance à faire de l'introspection face à notre recommandation pour déterminer si le moment est propice à passer à l'action.

On n'a plus à se battre pour vendre nos idées. Les gens se sentent confortables et en confiance face à nos suggestions.

Mais comment peut-on acquérir le statut de conseiller digne de confiance avec des gens qui ne nous connaissent pas ?

Dites aux gens quelque chose qu'ils ignorent.

Que faire si les gens ignorent que nous sommes un micro-expert ? Ou encore, si nous ne sommes pas encore un micro-expert ? Comment peut-on tout de même impressionner les gens afin qu'ils nous accordent un certain respect ?

Les vendeurs peuvent impressionner les acheteurs avec des faits, des tableaux, des options et des bénéfices. Mais qu'est-ce qui crée l'impression ultime ?

Un vendeur qui mentionne à son acheteur potentiel qu'il fait face à un problème, et que l'acheteur ne connaissait pas l'existence dudit problème.

Ce vendeur semble disposer d'une connaissance supérieure. Cette technique démontre aussi un souci de l'acheteur par le dévoilement d'un problème qu'il ignorait.

Quand les vendeurs utilisent cette technique, ils obtiennent rapidement respect et pouvoir d'influence. Ils peuvent maintenant influencer et guider les acheteurs vers des solutions plus adéquates pour résoudre leurs problèmes.

Quelques exemples.

Imaginons que nous sommes micro-experts dans l'apport de fibres dans l'alimentation afin d'aider les gens à perdre du poids. On apprend à un ami que certains types de fibres peuvent en fait créer l'effet contraire. Notre ami fait une pause et se dit : « Ça n'est pas ce que je veux. Il vaudrait mieux que je suive les conseils de mon ami, c'est un expert. Je désire acheter le bon type de fibres. »

Imaginons maintenant que nous sommes micro-experts en programmes de lecture pour les enfants. On pourrait dire : « La plupart des programmes de lecture accélérés inculquent de mauvaises habitudes de lecture à nos enfants, ce qui peut leur nuire dans le futur. Le programme de lecture que je préconise stimule plutôt les schémas d'analyse de leurs cerveaux, et augmente par conséquent leurs niveaux de compréhension. »

Que se diraient alors les parents ? « Wow, on ne veut pas inculquer de mauvaises habitudes de lecture à nos enfants. On devrait plutôt suivre les conseils de ce micro-expert. »

Et si nous étions micro-expert en matériel de construction ? On pourrait dire : « Lorsqu'on cherche le matériel adéquat, on doit prendre en considération les effets des pluies acides dans notre région. » En entendant cela, l'acheteur réalise qu'il n'avait jamais tenu compte des pluies acides auparavant. L'acheteur est impressionné. Nous avons augmenté notre pouvoir d'influence avec une seule phrase.

En devenant micro-experts, on détiendra des informations spécifiques que les gens devraient connaître mais qu'ils ignorent.

C'est une astuce qui procure un pouvoir d'influence très rapidement, et nous devrions faire une liste de problèmes ou de phrases qui en mettront plein la vue à notre auditoire. En partageant avec eux quelque chose qu'ils ignorent, nous gagnerons le pouvoir d'influence recherché.

CRÉER DE L'INFLUENCE : STRATÉGIE # 7.

Devenir une célébrité…

Difficile à faire ? Eh bien, il faut que quelqu'un se sacrifie. Pourquoi pas nous ?

Nous ne pourrons peut-être pas devenir une vedette de cinéma ou de la scène, mais nous pourrions devenir une célébrité dans une niche plus restreinte. Quelle niche ?

En choisissant un domaine plus pointu et en devenant micro-expert sur le sujet, la concurrence dans la course à la célébrité sera considérablement réduite. D'accord, on deviendra peut-être une micro-célébrité, mais nous serons tout de même une célébrité.

Songez aux vedettes de cinéma.

Une célébrité porte une paire de jeans hors de prix. Est-ce que d'autres voudront la copier et investir dans une paire de jeans hors de prix identique ? Oui.

Possède-t-elle un pouvoir d'influence ? Oui. Est-ce que cette influence en matière de vêtements est méritée ? Probablement pas. Cette célébrité possède sans doute une expertise en comédie, mais probablement pas dans la qualité de construction et le design des pantalons jeans.

Souvenez-vous que si nous sommes reconnus dans un domaine, les gens prendront pour acquis qu'on est excellent dans d'autres domaines aussi.

La légende vivante du sport retraitée.

Il a subit 22 commotions cérébrales durant sa carrière. Il endosse aujourd'hui un supplément nutritionnel. Est-ce que d'autres jeunes espoirs du sport achèteront ce supplément ? Oui.

Est-ce que cet athlète sportif retraité possède un pouvoir d'influence ? Oui. Est-ce que cette influence est méritée ? Probablement pas. Est-ce qu'on désire obtenir des recommandations médicales ou nutritionnelles de quelqu'un qui a subit 22 commotions cérébrales ? Ça semble plutôt ridicule. Mais puisque c'est un athlète de haut niveau, on assume qu'il possède une expertise dans d'autres domaines. Et il utilise cette influence pour inciter les gens à ajouter ce supplément dans leurs programmes d'alimentation.

Le politicien à la retraite.

Il endosse une boisson gazeuse pour les retraités. Est-ce que certains retraités répondront favorablement à cet endossement en s'en procurant quelques canettes ? Bien entendu. Mais est-ce que ce politicien à la retraite possède une expertise en formulation de boissons gazeuses ? Sans doute pas.

Mais puisque les retraités le respectent en tant qu'ex-politicien, ils respectent le fait qu'il endosse cette marque de soda. Il jouit d'un pouvoir d'influence.

Mais je ne suis reconnu dans aucun domaine !

On peut créer notre notoriété. J'ai une amie qui se nomme Lisa.

Lisa se présente comme candidate aux élections dans son patelin à toutes les élections. Elle ne gagne jamais. Et je ne crois pas qu'elle souhaite gagner. Mais il n'en coûte que quelques dollars pour s'enregistrer comme candidate, et elle obtient de la publicité gratuite à chaque fois.

Même le journal local la convoque en entrevue à chaque campagne et lui demande combien de fois elle s'est présentée comme candidate.

Aujourd'hui, qui est célèbre dans sa communauté ? Lisa !

Lorsqu'elle partage son entreprise avec les gens, tout le monde a le sentiment de la connaître déjà. Elle est célèbre.

Et il n'a fallu que quelques dollars et quelques minutes pour s'enregistrer à titre de candidate aux élections.

Pourrait-on mousser notre notoriété en organisant une levée de fond localement ? Ou en prenant le flambeau sur un projet d'envergure comme leader ? Oui.

Avec un peu d'imagination, on peut être micro-célèbre dans la niche de notre choix.

CRÉER DE L'INFLUENCE : STRATÉGIE # 8.

Utiliser des mots ou des phrases qui impressionnent notre auditoire.

Quand on peut lire dans les esprits, on impressionne la galerie. Ce qui nous procure une plus grande influence pour transmettre notre message à l'auditoire. Est-ce difficile de lire dans l'esprit des gens ? Pas du tout. La plupart des gens ont les mêmes pensées.

Imaginons qu'on doit faire une présentation à un groupe hostile. Ils sont adossés aux dossiers de leurs chaises, les bras croisés et personne ne sourit. Oups ! Ils nous ont déjà jugés, et nous n'avons même pas atteint le podium. C'est de mauvais augure.

La première chose que nous devons faire est de détourner leurs esprits du jugement et les amener à penser à autre chose. L'esprit conscient ne peut gérer qu'une seule pensée à la fois. Malheureusement dans l'immédiat, voici ce qu'ils ont en tête : « OK le moulin à paroles, qu'est-ce que tu vas essayer de me vendre maintenant ? »

Ça n'est pas le bon état d'esprit si on a pour objectif d'influencer ces gens avec nos idées et les amener à passer à l'action. Détournons leur attention de ce jugement envers nous pour les amener à penser à autre chose.

Nous allons débuter notre intervention devant le groupe en utilisant des phrases d'introduction telles que :

1. « Vous vous dites probablement... » Et il suffit d'insérer une évidence. On pourrait par exemple dire : « Vous vous dites probablement : ‹ Combien de temps va durer cette réunion ? › » Et les invités se diront : « Ouais. C'est exactement ce à quoi on pense. Tu as bien deviné. On pense de la même façon. Je vais donc écouter ce que tu as à dire maintenant. »

2. Ou nous pourrions débuter en disant : « Si vous êtes comme la plupart des propriétaires de maisons, vous vous dites : ‹ Comment trouver l'argent pour réparer et rénover ? › » Leurs esprits sont maintenant tournés vers leur budget personnel plutôt que sur l'interprétation de nos intentions.

3. Autre option. On pourrait débuter en disant : « La plupart des gens ici ce soir ont pris la décision de passer à l'action plutôt que de rester à la maison et regarder la télévision. » Notre auditoire hostile et sceptique se dit maintenant : « Oui, c'est bien moi. C'est la raison pour laquelle je suis ici ce soir. »

4. Et pourquoi ne pas amorcer la rencontre avec : « Comme plusieurs d'entre vous le savent déjà, le budget de l'école n'est pas suffisant pour supporter la croissance actuelle du nombre d'étudiants. » Et l'audience se met à hocher la tête en signe d'approbation.

Lire dans les esprits.

En mentionnant des évidences, les gens croient que nous sommes dotés d'aptitudes particulières, voire même extra-terrestres, pour lire dans les esprits. Subjuguée par nos pouvoirs surnaturels, notre pouvoir d'influence auprès de l'audience gagne du terrain.

Mais que se passe-t-il si nous avons mal deviné ? Ça peut arriver. Mais en affirmant ce qu'on pensait qu'ils pensaient, plusieurs personnes se mettront à mijoter sur notre affirmation de toute façon. Encore une fois, notre pouvoir d'influence gagne du terrain pour transmettre notre message et inciter les gens à passer à l'action.

Est-ce que les vendeurs pourraient utiliser ces techniques aussi ?

Bien entendu. Un exemple tout simple est celui du vendeur qui dit à l'acheteur potentiel : « Si tu es comme la plupart des gens, la première question qui te vient à l'esprit est probablement : ‹ Combien cela va-t-il me coûter ? › » Cette approche augmente le pouvoir d'influence du vendeur car elle démontre à l'acheteur que le vendeur le comprend et, qu'il est conscient de ses craintes.

Il suffit d'un brin d'empathie pour imaginer ce que les autres pensent. Si on prend le temps de se soucier des autres, c'est un jeu d'enfant.

CRÉER DE L'INFLUENCE :
STRATÉGIE # 9.

Utiliser une présentation de vente structurée.

Avoir de l'influence nous aide à guider les gens vers de meilleures idées et solutions. En accumulant d'avantage de pouvoir d'influence, on génère un auditoire plus réceptif.

Considérons ce que les gens veulent. Est-ce qu'ils désirent comprendre comment la façon dont notre solution fonctionnera pour eux ? Non. C'est important sans doute, mais ça n'est pas ce qu'ils veulent. Personne ne recherche à proprement parler des solutions.

Alors que recherchent les gens ?

Un résultat.

Ils désirent savoir à quoi ressembleront leurs vies une fois que la solution qu'on leur propose sera mise en place.

Et puisque notre auditoire est plutôt impatient, on ne devrait pas passer trop de temps à décrire notre solution miracle. Nous devrions plutôt miser sur les bénéfices et les résultats que recherche notre auditoire.

Voici quelques lignes directrices pour vendre nos idées aux autres.

Quand on s'adresse à un groupe ou à quelqu'un, cette formule de vente élémentaire est simple à suivre et à mémoriser. Ça n'est pas la seule formule de vente bien sûr, mais elle nous aide à focaliser sur ce que les autres désirent.

La formule de vente.

1. Voici la situation actuelle. Décrire le problème pour s'assurer que l'auditoire syntonise la même fréquence, ou si vous préférez, le même problème. Ça permet de placer la situation actuelle très clairement dans leurs esprits. Il serait inutile de proposer une solution à un auditoire qui ne perçoit aucun problème.

2. Voici ce que vous désirez dans le futur. Décrivons comment seront leurs vies une fois que ce problème sera réglé. C'est ce qui préoccupe notre auditoire. Les gens visualiseront leurs nouvelles vies comme s'ils étaient au cinéma.

3. Voici comment notre solution vous permettra de vivre ce futur dont vous rêvez. Lorsqu'on jouit d'un pouvoir d'influence, cette portion de notre présentation sera courte. Les gens désirent qu'on les guide rapidement vers la solution.

Regardons quelques exemples utilisant cette formule de vente.

1. Notre peau se ride rapidement après l'âge de 40 ans. Et ça n'ira pas en s'améliorant. En fait, la situation va même se détériorer.

2. On souhaite que notre peau garde une apparence jeune et en santé toute notre vie.

3. Ce sérum pour la peau la protégera contre les effets du vieillissement. Il suffit de l'appliquer matin et soir.

Plutôt simple. Si on dispose d'un certain pouvoir d'influence, nous n'aurons pas à énumérer les ingrédients contenus dans notre sérum. Notre prospect suivra probablement nos conseils grâce au pouvoir d'influence.

1. Le niveau de compréhension de lecture de nos enfants est en baisse. On ne veut pas qu'ils aient de mauvaises notes. S'ils ne performent pas, ils n'auront probablement pas la moyenne académique requise pour accéder aux meilleurs postes dans leurs carrières.

2. On veut tous que nos enfants performent à l'école. Ils pourront alors se qualifier pour des bourses et remplir des demandes d'admission pour les meilleurs collèges et universités. De cette façon, ils pourront accéder aux meilleurs postes disponibles.

3. J'ai étudié en profondeur les 20 meilleurs programmes de lecture disponibles. Voici celui que j'ai recommandé à notre conseil scolaire d'adopter.

Nous sommes le micro-expert en la matière. Personne d'autre n'a étudié en détail les 20 meilleurs programmes de lecture.

Nous avons établi notre crédibilité et générer de l'influence. Le conseil scolaire suivra sans doute la recommandation.

On peut aussi utiliser cette formule lors des vacances familiales.

1. Je sais que tout le monde est affamé. Mais il se fait tard et peu de restaurants sont en opération à cette heure dans les environs.

2. Mais personne ne veut aller au lit avec un estomac vide. Après tout, c'est les vacances ! On veut s'amuser et se gâter.

3. Heureusement, je suis allé en ligne avant de quitter la maison et j'ai fait une liste des restaurants qui pourraient nous accueillir à cette heure tardive. Voici les trois restaurants que j'ai choisis.

Les autres membres de la famille se disent : « On n'a aucune idée de l'endroit où on pourrait manger, mais nous sommes affamés. Tu as une solution pour nous, alors choisis le restaurant de ton choix. »

Décortiquons cette formule pour l'inspecter en profondeur.

C'est une super formule à utiliser parce qu'elle est simple à mémoriser. On pourra éventuellement se pencher sur des formules plus avancées, en particulier si nous sommes dans le domaine de la vente. Mais pour l'instant, cette formule sera plus efficace que 99.9% de celles qu'utilisent nos concurrents. S'exprimer clairement et dans un ordre logique impressionne les gens.

Étape # 1. Voici la situation actuelle.

Il faut décrire le problème pour s'assurer que tout le monde comprend et s'entend sur le même problème. On veut l'unanimité.

Cette étape requiert la plus grande partie du travail. Tout changement nécessite un effort et personne ne souhaite changer les choses à moins que le niveau de douleur soit élevé. Pour les humains, il est plus facile de supporter de faibles niveaux de douleurs que de faire l'effort requis pour éliminer cette douleur. Voici quelques exemples.

A. La porte qui grince. Oui, on a remarqué que la porte grince. Est-ce que le problème disparaîtra par lui-même ? Non. Mais on peut tolérer le grincement pour le moment. On remet donc sans cesse la réparation de la porte.

B. La voiture est sale. Oui, on devrait prendre un peu de temps de notre journée chargée pour nettoyer la voiture. Mais elle n'est pas si sale que ça après tout. On attendra plutôt que la voiture devienne si sale qu'il deviendra gênant de la conduire dans le voisinage. Il y a tellement de choses à l'agenda qui semblent plus prioritaires.

C. Ce monticule de papiers sur le coin du bureau. Quoi de plus ennuyant que de faire le tri de ces papiers accumulés. Ce qu'on fait ? On procrastine jusqu'à ce qu'il ne reste plus d'espace sur notre bureau. Ou jusqu'à ce que le patron nous demande si nous avons complété tous nos dossiers. Ne pas régler tous nos dossiers pourrait nous causer des problèmes.

D. Faire le ménage et organiser notre bureau à la maison. Oui, il nous arrive parfois de ne pas retrouver certaines choses. Mais ça n'est pas encore catastrophique. Le fait de passer des heures à trier, classer et tout organiser nous semble bien plus lourd que de continuer à chercher de temps à autres au besoin. Alors que fait-on ? On continu à empiler les papiers, les notes, les canettes de boissons gazeuses et autres items hétéroclites dans notre bureau.

E. Le coin extérieur de la maison doit être repeint. La peinture ne décolle qu'un tout petit peu pour l'instant. Et le fait de devoir aller chercher l'échelle, de la peinture, et de consacrer une partie de notre courte fin de semaine à faire des travaux n'est guère stimulant. Pourquoi ne pas attendre quelques mois quand d'autres coins de la maison auront aussi besoin de peinture ? L'effort en vaudra alors la peine. On attendra donc que le problème prenne de l'ampleur avant de le régler.

F. Notre grain de beauté dans le dos. S'il reste petit, pas de problème. On ne s'en soucie même pas. Bien entendu, on devrait céduler un rendez-vous chez le médecin pour le faire examiner. Mais ça signifie un bain de trafic en ville, prendre un congé du travail, etc. Tout ça pour un grain de beauté qui ne nous dérange pas tant que ça. Comme la plupart des humains, on va donc ignorer le problème.

Comme on peut le constater, à moins qu'un problème ne cause plus de douleur que l'effort requis pour le régler, on préfère continuer à vivre avec le problème.

Ajoutons un cran à la douleur occasionnée par ces problèmes.

A. La porte qui grince. Elle fait du bruit et elle indique qu'on néglige notre maison. Nos beaux-parents viennent nous visiter ce week end et on souhaite les impressionner. On ne veut surtout pas qu'ils pensent que nous sommes négligents. Alors on décide que le moment est venu de réparer cette porte.

B. La voiture est sale. La réceptionniste dit au docteur : « Votre voiture est malpropre. Non seulement est-elle affreuse à regarder, mais elle entache l'image de la clinique. Les gens pourraient par exemple penser qu'on ne se lave pas les mains entre les patients. » Le docteur décide de céduler illico une visite au lave-auto.

C. Ce monticule de papiers sur le coin du bureau. C'est ce vendredi qu'aura lieu l'évaluation annuelle. Ne pas obtenir une augmentation cette année pourrait être désastreux. Afin d'être perçu comme un employé modèle, on s'empresse de réviser et classer les papiers sur le coin du bureau.

D. Nettoyer et organiser le bureau à la maison. C'est agréable d'avoir un espace travail à la maison. Mais pour l'instant, il ressemble davantage à un vestiaire au lendemain du Superbowl. C'est cette semaine qu'on doit préparer notre déclaration de revenus annuelle. Impossible de mettre la main sur nos reçus pour réclamer des déductions. Pris de panique, on décide de tout remettre en ordre, trier et réorganiser le bureau... nous sommes motivés !

E. Le coin de la maison qui doit être repeint. À l'assemblée municipale, un voisin nous fait remarquer que la peinture décolle sur un coin de notre maison. Il mentionne ensuite : « J'ai eu le même problème il y a quelques temps. J'ai négligé de faire la réparation tout de suite et ça m'a valu une infestation de termites. On a dû investir plus de 25,000$ en réparations pour résoudre le problème et éliminer les indésirables. C'est beaucoup d'argent. En sortant de l'assemblée, nous attrapons l'échelle, le gallon de peinture et un pinceau. Nous voilà en mission de sauvetage sur le coin de la maison.

F. Notre grain de beauté dans le dos. Ça n'est pas un gros problème, alors on peut l'ignorer. Jusqu'au jour où il génère de l'inflammation et que notre dos tout entier brûle. Sommes-nous motivés à rendre visite au médecin maintenant ? Bien entendu.

Décrire les problèmes de façon claire et dramatique ne suffit pas. Il faut motiver les gens suffisamment pour qu'ils acceptent de faire l'effort essentiel au changement. Notre audience doit connaître le problème, et on doit élever son niveau d'inconfort envers ce problème. On veut que la douleur reliée au problème surclasse l'inconfort de la procrastination.

Pour passer à l'action, il faut la motivation.

La première étape est la plus difficile. On doit décrire de façon claire la situation actuelle, et ensuite ajouter suffisamment de douleur pour inciter les gens à passer à l'action. C'est aussi l'étape la plus longue. Mais si on met en place l'étape # 1 correctement, la suite deviendra facile.

Étape # 2. Voici ce que vous désirez dans le futur.

Décrivez la situation une fois le problème réglé. C'est ce qui compte le plus pour nos prospects.

L'étape # 2, le futur qu'ils souhaitent, est une étape simple. Tout ce qu'on doit faire, c'est de projeter les gens mentalement dans le futur. Nous allons donc décrire ce que deviendront leurs vies sans ce problème.

Cette étape est amusante. Nous allons aider les gens à visualiser un futur meilleur, sans la douleur générée par le problème en question. Comment saurons-nous à quoi ce futur ressemblera pour eux ? Eh bien, suffit de leur demander.

Ça pourrait être aussi simple que de dire : « Alors, à quoi ressemblerait ta vie si tu n'avais plus ce problème ? » Ou encore, « Si on pouvait te débarrasser de ce problème, qu'est-ce que tu aimerais par la suite ? »

Les être humains ont beaucoup d'imagination. C'est relativement simple d'imaginer un futur meilleur.

Si on offre une bonne écoute et qu'on pose les bonnes questions, les gens nous diront exactement ce qu'ils souhaiteraient vivre dans le futur.

Nous n'aurons ensuite qu'à leur répéter ce futur scénario afin qu'il soit limpide dans leurs esprits. Voici un super outil pour y arriver : les histoires.

Les histoires se faufilent à travers les filtres négatifs de l'esprit humain. Elles nous permettent de désactiver l'alarme anti-vendeur, le filtre trop-beau-pour-être-vrai, le programme où-est-la-trappe, la négativité, le scepticisme, etc.

Voici des exemples de projections dans le futur pour nos six exemples précédents.

A. « Une fois que nous aurons réparé cette porte qui grince, tout sera opérationnel. Lorsque les beaux-parents entreront chez nous, ils auront le sourire aux lèvres. Lorsqu'ils constateront combien notre maison est propre et bien entretenue, ils se diront que nous avons sans doute les enfants les mieux éduqués en ville. Je suis impatient qu'ils arrivent. »

B. « Une fois la voiture propre, lorsque les patients viendront à la clinique, ils se sentiront en confiance et sauront qu'on porte attention aux détails. Ils voudront continuer à recevoir leurs soins dans notre clinique. Sans compter qu'on pourra être fiers de gérer une clinique impeccable. »

C. « Lorsque tu te rendras à ton évaluation annuelle au bureau, tu te sentiras extrêmement confiant de recevoir une augmentation. Avec zéro retard dans tes dossiers et toutes tes affaires à l'ordre, tu seras perçu comme un employé modèle responsable. »

D. « Dans un bureau propre et bien rangé, produire ton rapport d'impôt annuel sera aussi simple qu'une promenade dans le parc. Fini les pertes de temps à chercher des papiers et fini les frustrations. Tu seras zen chaque fois que tu entreras dans ton bureau pour le reste de l'année. »

E. « On veut que la maison soit impeccable pour être fiers de faire partie du quartier. Et on préfère garder les termites le plus loin possible. Sans compter qu'on désire se détendre et profiter de la vie sans se soucier d'un coin de maison à réparer. »

F. « Une fois que Docteur Alice aura jeté un coup d'œil à ce grain de beauté, elle te donnera une simple piqure pour que la douleur qui se dissipe instantanément. Tu retrouveras alors ton bien-être. Tu n'auras plus à t'en faire et te demander si c'est dangereux ou pas. Tu pourras retourner devant le téléviseur pour regarder ton feuilleton favori en toute quiétude. »

En résumé ? Il suffit de décrire un futur lumineux une fois le problème réglé.

Étape # 3. Voici comment notre solution vous permettra de vivre ce futur dont vous rêvez.

« Occupons-nous de ça maintenant… » est une excellente façon d'introduire une solution. Remarquez que nous n'avons pas dit que nous allions tout faire pour régler leur problème. Et nous ne leur disons pas non plus ce qu'ils doivent faire. Nous allons les impliquer dans le processus.

Pensons aux gens qu'on tente d'influencer dans les exemples précédents.

Premièrement, ils savent qu'ils ont un problème. Ce problème est désagréable et ils souhaitent le régler. En amplifiant le problème, ils ont maintenant la motivation nécessaire pour passer à l'action. On s'est donc assuré de tout mettre en place avant de poursuivre notre présentation.

Deuxièmement, ils visualisent maintenant de façon claire que leurs vies seront plus agréables s'ils règlent leurs problèmes. Et si un doute subsiste dans leurs esprits quant au fait que leurs problèmes ne peuvent pas être réglés, pas de panique. Nous allons anéantir ce doute maintenant. Les gens savent en général où ils veulent aller, mais ils ignorent souvent comment s'y rendre. Si on possède suffisamment d'influence, ils seront soulagés d'apprendre que nous avons un plan pour atteindre leurs objectifs.

Nous avons exprimé le problème et la solution avec clarté, ce qui nous procure de l'influence. L'étape finale est rapide et simple. Tout ce qu'il reste à faire, c'est de leur montrer le chemin pour résoudre leurs problèmes afin de les projeter dans ce futur qu'ils désirent. Voici quelques exemples.

A. « Alors réglons-ça maintenant. Je vais me rendre à la quincaillerie et demander au professionnel sur place si je dois acheter un produit pour lubrifier les pentures, ou si je dois acheter d'autres pentures. Quelle que soit sa réponse, je reviendrai à la maison avec ce qu'il faut pour faire taire cette penture. Ça devrait être réglé en deux temps trois mouvements. »

B. « Alors occupons-nous de ça tout de suite. Tu as des patients cédulés toute la journée. Je vais appeler ce jeune étudiant du lycée qui se déplace dans les stationnements pour laver les voitures de gens débordés. Je vais lui demander de venir dès qu'il a terminé ses cours. Je vais ensuite négocier un nettoyage hebdomadaire avec lui. Dossier réglé. »

C. « Alors faisons-le maintenant. Cet amas de papiers sur le coin de ton bureau est disgracieux. Si on s'y met tous les deux, on aura terminé dans deux jours. Ça va sans doute me retarder dans mes dossiers personnels, mais tu pourras m'aider en retour une fois que tu auras passé ton évaluation annuelle et reçu ta grosse augmentation. »

D. « Je n'arrive même pas à classer l'alphabet. Mais ton amie Sandy au bureau est la meilleure organisatrice sur terre. Si elle arrive à me monter un système de classement, je pourrai prendre le relais. Appelons Sandy maintenant. Je vais luis proposer de m'occuper de son gazon pendant que son conjoint est l'extérieur par affaire pour trois semaines. On pourra ensuite préparer notre rapport d'impôt en un temps record. »

E. « Alors réglons-ça maintenant. Appelle mon beau-frère. Il a une échelle et il est plutôt habile. Dis-lui d'apporter son échelle samedi matin pour nous aider à réparer le coté de la maison. On lui offrira une caisse de bière pour le remercier. Qu'en dis-tu ? »

F. « Laisse-moi contacter Docteur Alice tout de suite pour obtenir un rendez-vous d'urgence dès demain. Tu n'auras plus jamais à te soucier de ce grain de beauté. »

Nous sommes humains. Avec les milliers d'informations qui bombardent nos cerveaux chaque seconde, on ne peut pas accorder notre attention à tout ce qui se passe autour. Notre subconscient exerce son jugement et prend des décisions pour nous. Cette formule de vente, c'est de la musique aux oreilles du subconscient.

Dans cette présentation en trois étapes, la plupart des gens penseront : « Ouais, j'ai ce problème. Et Oui, ce serait fantastique de vivre sans ce problème. Tu sembles avoir la solution parfaite. Et, ma foi, tu l'as présentée de manière si professionnelle et sans aucune hésitation. Tu sembles posséder des super pouvoirs. Je n'ai pas besoin de réfléchir une seule minute de plus à ce problème. Je vais plutôt orienter mon cerveau vers d'autres problèmes à régler. Je me sens bien maintenant et je suis persuadé que tu vas me permettre de tout régler. »

On créé une connexion avec les gens. On propose ensuite une solution avec cette présentation (formule) en trois étapes. Ils ont le sentiment que tout est réglo, et que nous sommes en contrôle.

Nous avons de l'influence.

CRÉER DE L'INFLUENCE : STRATÉGIE # 10.

Empathie.

Chez l'espèce humaine, l'instinct de survie est le programme # 1.

On ne veut pas mourir. On se protège. On pense à soi d'abord.

Oui, les humais sont fondamentalement égoïstes. Nous désirs, besoins et problèmes dominent nos pensées. On pense à soi-même en permanence.

Lorsqu'on parle aux gens, à quoi pensent-ils avant tout ? À eux. Définitivement pas à nous. Et encore moins à nos idées et messages. Voici quelques exemples typiques de ce qui habite la pensée des gens.

Les funérailles.

Une bonne amie nous appelle et dit : « Mon conjoint vient de mourir. Les funérailles auront lieu ce jeudi. »

Quelle est la première chose qui nous vient à l'esprit ? Notre agenda. On se dit : « Oh non. Je vais devoir déplacer mon parcours de golf et ma manucure. »

Il ne faut pas s'en culpabiliser. Notre programme de survie s'enclenche avant même que nous ayons eu le temps de réfléchir. Après quelques secondes, nos bonnes manières reprennent le contrôle. On offre alors nos sympathies et on partage la peine de notre amie. »

La réception.

Lors d'une réception, on se présente en disant : « Bonjour, mon prénom est Chris. Comment vous appelez-vous ? »

Notre nouveau partenaire de conversation répond : « Ton prénom est Chris ? Il débute donc par la lettre ‹ C, › tout comme le nom de ma compagnie. Fantastique ! Laisse-moi te parler de ma compagnie et des produits qu'elle fabrique. »

On grogne. Une belle soirée entachée par un vendeur centré sur ses intérêts qui ne pense qu'à nous vendre sa salade.

Ce vendeur n'était pas vraiment intéressé par nous ou par notre prénom. Tout ce qu'il cherchait, c'était une porte d'entrée pour démarrer sa présentation de vente.

Le cadeau.

Jean et Kathy reçoivent des cadeaux surprise de grand-maman. Jean regarde le cadeau de Kathy et commence à se plaindre : « Le cadeau de Kathy est plus gros et d'une plus grande valeur que le mien. Ça n'est pas juste. Mon cadeau devrait être mieux que ça. »

Jean n'a aucune considération pour sa grand-mère, ni pour Kathy. Jean n'est centré que sur une seule chose : recevoir plus.

« Quel avantage je peux en tirer ? »

Les événements sont neutres. Et on ne peut pas contrôler la plupart des événements.

On peut cependant contrôler nos réactions aux événements. On détermine nos sentiments envers chaque événement. Par exemple, peut-on imaginer deux réactions différentes face aux événements suivants ?

- Assister à un match de football.
- Apprendre que notre meilleur ami vient de se fiancer.
- Les résultats d'une élection.
- L'annonce du récipiendaire d'un Emmy Award.
- Un accident de voiture.
- Un discours politique.

Pour chacun de ces événements, certaines personnes seront enthousiastes, quelques unes seront indifférentes, et d'autres seront tristes. Même événement, trois réactions différentes.

On interprète les événements en se basant sur notre situation actuelle, nos intérêts et notre vision du monde. Peu importe l'événement, notre instinct dicte : « Quel avantage je peux en tirer ? Comment cet événement va-t-il m'affecter ? »

Des points de vue divergents.

Un groupe de propriétaires de maisons du quartier se réunit. Le projet : créer un petit parc d'amusement pour les enfants. Instinctivement, chaque propriétaire songe d'abord à l'impact futur de ce projet dans son quotidien. L'un deux pourrait par exemple penser comme suit :

« Ce serait extraordinaire pour les enfants. Ils passeraient moins de temps dans la rue et je n'aurais plus à conduire à si basse vitesse dans le voisinage. Je n'apprécie pas qu'ils jouent à la balle ou au ballon dans la rue et brisent les voitures. Et si le parc est joli, ça pourrait augmenter la valeur de ma maison. »

Et un autre propriétaire pourrait penser différemment :

« Je n'ai pas d'enfants. Pourquoi devrais-je payer pour un parc totalement inutile pour moi ? Pourquoi ne pas faire payer seulement les propriétaires qui ont des enfants ? Je paye déjà trop de taxes. »

Un autre exemple ?

On aimerait que nos semaines de travail soient de quatre jours. Faire la navette de la maison au bureau est abrutissant. Pour y arriver, on propose à nos confrères de travail ceci :

« Plutôt que de travailler huit heures par jour, travaillons un peu plus fort et rendons-nous à dix heures par jour. De cette façon, nous pourrons travailler seulement quatre jours par semaine et avoir droit à des fins de semaines de trois jours en permanence. Youpi ! »

Qui pourrait être en désaccord avec cette alléchante proposition ?

Moins de jours à se farcir le trafic. Des fins de semaines de trois jours avec la famille. Un rythme de vie plus agréable.

C'est du moins notre point de vue, basé sur notre situation actuelle. Mais que pourraient en penser les autres ?

Marie dit : « Ça ne fonctionnerait jamais. Je devrais utiliser les services de garderie étendus et le centre n'est pas ouvert aussi tard. »

Jean dit : « Travailler encore plus fort ? Et durant dix heures ? Je suis déjà exténué en milieu d'après-midi. Je ne pourrais jamais travailler aussi longtemps. »

Le patron réplique : « Le bureau doit être ouvert cinq jours par semaine pour la clientèle. Même si on travaillait en rotation pour combler l'horaire complet, nous n'aurions pas assez de personnel pour offrir un service de qualité à nos meilleurs clients. »

Et c'est ainsi que notre super idée meurt dans l'œuf à cause de gens égoïstes qui ne pensent qu'à eux.

Empathie.

Développer de l'empathie sera très bénéfique dans notre quête d'influence.

L'empathie est la capacité de comprendre comment se sentent les autres. Nous n'avons pas à être d'accord avec leurs sentiments, ou encore à croire ce qu'ils croient. On n'a qu'à vivre leurs sentiments dans notre imaginaire afin de mieux les comprendre.

Les gens ont soif d'être entendus.

Personne ne les écoute. Leurs enfants ne les écoutent pas, leurs amis ne les écoutent pas, et même leurs patrons ne les écoutent pas.

Lorsqu'on écoute les gens, ils sentent qu'on les comprend. Cela nous aide à transmettre notre message. Si la personne devant nous ne ressent pas qu'on la comprend, il se dresse une barrière de résistance et notre message tombe dans des oreilles sourdes.

Avoir de l'empathie demande beaucoup de travail.

C'est très simple de voir les choses de notre propre point de vue. Aucun effort n'est requis.

C'est par contre plus difficile de voir les choses du point de vue des autres.

Étant donné que si peu de gens font preuve d'empathie, on remarque ceux qui le font. Et « ces personnes, » ça pourrait être nous.

Qu'arrive-t-il quand on comprend les défis, les points de vue et les circonstances des autres ?

Notre capital d'influence grimpe en flèche ! Les autres remarquent tout de suite notre tolérance envers les différents points de vue. Ils sentent que leurs points de vue et croyances seront non seulement entendus, mais aussi respectés.

Décisions idiotes, irrationnelles.

Nous arrive-t-il de regarder les autres et se demander : « À quoi pensaient ils ? » Parfois, les actions des autres ne font aucun sens dans notre monde logique.

Lorsque les gens prennent des décisions idiotes ou irrationnelles, on doit se rappeler que ces décisions sont rationnelles et intelligentes de leurs points de vue. Et c'est là que débute notre effort pour les comprendre.

Personne ne prend de mauvaises décisions intentionnellement. On prend des décisions en se basant sur les faits que nous avons en mains et notre vision du monde à un moment précis.

Plus tôt dans ce chapitre, nous avons constaté qu'il pouvait exister plusieurs points de vue face à la construction d'un parc pour enfants dans le voisinage, ou encore devant la possibilité de vivre des semaines condensées de quatre jours de travail plutôt que cinq.

Cultivons notre empathie pour considérer les points de vue des autres, et on remarquera à quel point cette reconnaissance nous procure de l'influence et, par conséquent, une chance supplémentaire d'influencer leurs décisions finales.

Un peu d'information sur leur passé.

Le chemin le plus court pour développer de l'empathie envers quelqu'un ? Lui poser quelques questions sur son passé. Le parcours d'une personne nous permet de mieux la comprendre.

Si on se pointe à un premier rendez-vous galant, on désire connaître le passé de notre nouvelle partenaire potentielle... non ? Ça nous aide à comprendre ses valeurs et sa vision du monde. Le passé de quelqu'un influence immanquablement son futur.

Par exemple, lors d'un premier rendez-vous, la dame demande à l'homme : « Alors, tu as mentionné que tu n'as pas fréquenté personne au cours des cinq dernières années. Pourquoi ? »

L'homme répond : « Eh bien, on m'avait condamné à 15 ans de prison, mais on a réduit ma peine à cinq ans parce que le système carcéral est très engorgé. »

Et l'homme demande à la dame : « Vous êtes très jolie. J'ai peine à comprendre que vous soyez seule. Pourquoi n'avez-vous pas de mari ? »

La dame de répondre : « Eh bien, mes quatre derniers maris sont morts mystérieusement tout de suite après avoir contracté une nouvelle police d'assurance. Alors, je suis seule pour le moment. »

Une fois qu'on connait le passé de quelqu'un, on comprend mieux ses décisions. Si son passé est radicalement différent du nôtre, alors on devrait s'attendre à ce qu'il prenne des décisions très différentes des nôtres.

Souvenez-vous, nous n'avons pas à être en accord avec leur vision du monde. Cependant, on devrait comprendre leur vision du monde parce que leur passé est différent du nôtre.

La peur du changement.

Lorsqu'on fait des suggestions pour tenter d'influencer les autres avec nos idées, à quoi pensent-ils ? Pourquoi les gens sont-ils tant réticents au changement ?

Voici quelques unes de leurs pensées lorsqu'on leur présente de nouvelles idées.

- « Pourquoi devrais-je changer ? Je n'ai aucune idée de ce qui pourrait arriver. »
- « Si je fais ce que tu dis, est-ce que les autres me traiteront de fou ? »
- « Est-ce le meilleur choix ? Laisse-moi attendre un peu pour que je puisse explorer d'autres options. »
- « Est-ce garanti ? Et si ça ne fonctionne pas ? »
- « Ne serait-ce pas plus sécuritaire pour moi de continuer comme je suis ? »
- « Qu'en pensera ma douce moitié ? »
- « Est-ce trop beau pour être vrai ? Ne devrais-je pas être un peu sceptique ? »
- « Est-ce que cette personne tente de m'arnaquer ? »
- « Que se passera-t-il si ce changement dégénère en catastrophe ? »
- « Est-ce que j'aurai l'air idiot quand je tenterai d'expliquer ça à mes amis ? »

Notre programme de survie nous recommande la prudence. Et éviter le changement est une stratégie sécuritaire.

Avec ces considérations en tête, on peut maintenant comprendre les réactions parfois étranges des autres.

Voici un exemple d'empathie pour comprendre la vision du monde différente de quelqu'un.

L'achat d'un ordinateur.

Je magasine les ordinateurs portables en me basant sur les caractéristiques de mémoire, puissance du processeur, vitesse et fonctionnalités. Mon ami en revanche, magasine son ordinateur portable en fonction de son apparence pour lui donner un look « cool » quand il l'utilise en public. Il considère que son ordinateur portable doit refléter son style de vie.

Je dois faire preuve de beaucoup d'empathie et me mordre la langue jusqu'au sang lorsque je le regarde magasiner son ordinateur portable. Mais puisque je n'émets pas de jugement sur lui en me basant sur mes critères de sélection rationnels, mon ami m'accorde davantage de pouvoir d'influence. Il me permet même d'influence subtilement ses décisions d'achat. Pourquoi ? Parce qu'il sait que je comprends sa quête d'un ordinateur sexy et tape à l'œil avec lequel il pourra se pavaner.

Quelle serait la pire chose que je puisse faire pour anéantir mon pouvoir d'influence ? Vous avez deviné. Être en désaccord avec sa vision des choses.

Le désaccord soulève les murs de la résistance. Et pointer du doigt les erreurs des autres, encore plus. Critiquer leurs sentiments ? Ma foi, nous sommes vraiment à contre courant. La communication est interrompue.

Être en désaccord avec la vision du monde de quelqu'un n'est pas la meilleure des stratégies. Les gens développent leurs propres visions du monde à partir de leurs expériences personnelles. On devrait respecter cet état de fait.

On peut augmenter notre pouvoir d'influence simplement en offrant une bonne écoute. Les gens sentent que si on les écoute, on les comprend et on ne pourra que leur faire des suggestions basées sur leurs points de vue.

Et comment arriver à faire sentir aux gens qu'on les comprend vraiment ? En étant d'accord avec eux. Lorsqu'ils nous confient leurs problèmes, leurs rêves et leurs motivations, un simple hochement de tête peut suffire pour acquérir un pouvoir d'influence. Les gens apprécient ceux qui sont en accord avec eux, ils se sentent compris.

Vous vous souvenez des propriétaires de maisons qui songeaient à construire un parc pour les enfants du quartier ?

Utilisons notre faculté d'empathie pour comprendre les points de vue réfractaires. Puisqu'on sait que les gens prennent des décisions de manière égoïste, nous allons leur signifier qu'on comprend leurs points de vue en les incluant dans notre proposition. Ce qui pourrait ressembler à quelque chose comme ceci :

« Je propose que nous transformions le terrain vaquant au bout de la rue en parc pour les enfants. Un équipement de base ne coûtera que quelques dollars seulement à chaque propriétaire de maison. Je sais que les propriétaires qui ont des enfants sont déjà en faveur de l'idée. Mais certains propriétaires n'ont pas d'enfants. En quoi cette proposition pourrait-elle être intéressante pour vous aussi ? Premièrement, on retire les enfants des rues alors vous n'aurez plus à conduire à si basse vitesse pour circuler dans le quartier. Deuxièmement, vous détestez que les enfants jouent à la balle dans la rue et endommagent votre voiture. Et finalement, pour quelques dollars d'investissement en équipements, nous transformerons ce lot de terrain sans utilité en parc pour enfants. Cet ajout dans le voisinage augmentera la valeur des maisons de tout le monde, et on a tous à cœur la valeur marchande de nos maisons. »

Cette fois-ci les propriétaires de maisons réfractaires se sentent écoutés. Ils savent que nous avons pris en compte leur vision des choses. Est-ce que notre proposition sera acceptée ? On ne sait pas. Mais nous avons augmenté nos chances de succès considérablement. On a utilisé notre pouvoir d'influence, obtenu grâce à notre pouvoir d'empathie, pour influer sur la décision des propriétaires de maisons dissidents.

Et que faire pour la semaine de quatre jours de travail ?

Marie ne pouvait pas obtenir d'extension à la garderie. Jean se sentait déjà exténué en milieu d'après-midi et ne pouvait pas envisager des journées encore plus longues. Et le patron qui s'inquiétait : « Je ne peux pas opérer mon entreprise cinq jours par semaine si tout le monde veut être en congé le vendredi. »

Donc, tout le monde s'oppose à notre idée. On doit accroître notre influence. Comment ? En reconnaissant les différentes visions opposées. Les gens veulent être entendus. Alors on doit ajuster légèrement notre proposition.

« Je propose d'adopter des horaires flexibles au bureau. En travaillant 45 minutes de plus chaque jour, tout le monde pourrait s'offrir une journée de congé de plus toutes les deux semaines. Je sais que Marie se soucie du retard à la garderie, mais le service pourra sans doute couvrir ses 45 minutes supplémentaires. Et pour Marie, une journée de congé de plus toutes les deux semaines représente du temps pour faire des emplettes un jour de semaine plutôt que dans l'achalandage du week-end.

« Pour Jean, une pleine journée de congé toutes les deux semaines lui permettra de se reposer et de récupérer. Une pause qui sera bien appréciée n'est-ce pas ? Et Jean, je te suggère de prendre congé les mercredis. Ce serait une excellente façon d'alléger ta semaine de travail.

« Et je sais que le patron est concerné par le manque de personnel suffisant pour bien servir la clientèle. Eh bien, si tout le monde choisit des journées de congé différentes, il ne manquera qu'une personne par jour dans l'équipe. C'est comme si quelqu'un était malade. Voici une autre bonne nouvelle : tout le monde pourrait utiliser sa journée de congé pour régler tout un tas de dossiers personnels comme une visite chez le médecin ou le dentiste. Et plus personne n'aurait à demander des congés pour ces trucs. Tout le monde s'en trouverait plus heureux. »

La balle est lancée. Est-ce que notre proposition sera entérinée ? Peut-être. Mais nous avons augmenté considérablement nos chances de réussite. Nous avons éliminé la réticence naturelle de nos collègues envers le changement en utilisant l'empathie pour adresser leurs préoccupations.

L'empathie accroît notre niveau d'influence.

Les gens veulent s'assurer qu'on les comprend et que nous sommes capables de voir les choses avec leurs yeux. Alors par souci d'efficacité, quand on désire présenter de nouvelles idées ou faire une proposition à quelqu'un ou à un groupe, voici l'objectif que nous devons garder en tête :

« Parler moins de notre proposition et parler davantage de l'impact qu'aura cette proposition dans leurs vies. »

Lorsqu'on procède de cette façon, nous créons à la fois influence et respect. Désormais, les autres entendront notre message.

CRÉONS ENCORE PLUS D'INFLUENCE.

Nous avons maintenant un choix.

Plutôt que d'émettre des opinions qui seront ignorées, on peut influencer les gens avec nos opinions.

Plutôt que de se sentir comme un morceau de papier peint qui se fond dans le décor, on peut en toute confiance se lancer et proposer de nouvelles idées aux gens qui pourront changer leurs vies.

Plutôt que de se sentir frustré par la résistance que manifestent les autres envers nos excellentes suggestions, nous pouvons maintenant mettre de l'avant nos suggestions avec un potentiel d'adoption maximal.

Avoir de l'influence est un sentiment fantastique. Nous pouvons enfin faire une différence.

MERCI.

Merci d'avoir acheté et lu ce livre. J'espère que vous y avez trouvé des idées qui fonctionneront pour vous.

Avant que vous ne quittiez, pourrais-je vous demander une petite faveur ? Vous pourriez prendre une minute et laisser un commentaire d'une phrase ou deux à propos de ce livre en ligne ? Votre évaluation pourrait aider d'autres personnes à choisir leur prochaine lecture. Ce sera grandement apprécié par bon nombre de vos amis lecteurs.

**Ce livre est dédié aux gens de marketing
de réseau de partout.**

Je voyage de par le monde plus de 240 jours chaque année.
Laissez-moi savoir si vous souhaitez que tienne une formation
(Big Al Training) dans votre secteur.

→ **BigAlSeminars.com** ←

D'AUTRES LIVRES DE BIG AL BOOKS
La liste complète à :
BigAlBooks.com/French

3 Habitudes Faciles Pour Marketing de Réseau
Automatisez l'atteinte de Votre Succès

Pré-Conclure en Marketing Relationnel
Obtenir un « Oui » Avant la Présentation

Comment Développer des Leaders en Marketing Relationnel Volume Un
Créez Étape par Étape des Professionnels en Marketing de Réseau

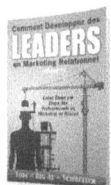

L'histoire Deux-Minutes pour le Marketing de Réseau
Comment Créer une Vision D'ensemble qui Restera Gravée !

Guide de Démarrage Rapide en Marketing Relationnel
Démarrez RAPIDEMENT, SANS Rejet !

La Présentation Minute
Décrivez votre entreprise de marketing de réseau
comme un Pro

**Tout Sur les Suivis Auprès de Vos Prospects en
Marketing de Réseau**
De « Pas maintenant ! » À « Immédiatement ! »

**Comment Développer Votre Entreprise de Marketing
de Réseau en 15 Minutes Par Jour**

Les Quatre Couleurs de Personnalités
Et Leur Langage Secret Adapté Au Marketing
de Réseau

Les BRISE-GLACES !
Comment amener n'importe quel prospect à vous
supplier de lui faire une présentation !

**Comment établir instantanément Confiance,
Crédibilité Influence et Connexion !**
13 façons d'ouvrir les esprits en s'adressant directement au subconscient

PREMIÈRES PHRASES pour Marketing de réseau
Comment mettre les prospects dans votre poche rapidement !

À PROPOS DE L'AUTEURS

Keith Schreiter cumule plus de 20 années d'expérience en marketing relationnel et à paliers multiples. Il enseigne aux réseauteurs comment utiliser des systèmes simples pour ériger une entreprise stable et en perpétuelle croissance.

Alors, vous avez besoin de plus de prospects ? Souhaitez-vous que vos prospects s'impliquent plutôt que de tourner en rond ? Vous aimeriez savoir comment engager votre équipe et la maintenir en mouvement ? Si ce sont les types de compétences que vous aimeriez maîtriser, vous adorerez son style « ABC - guide pratique. »

Keith donne des formations et conférences aux États-Unis, au Canada et en Europe.

Tom « Big Al » Schreiter possède plus de 40 ans d'expérience en marketing de réseau et marketing à paliers multiples. En tant qu'auteur des livres classiques de formation « Big Al » publiés à la fin des années '70, il a depuis offert des conférences et ateliers dans plus de 80 pays sur comment utiliser des mots et des phrases précises pour entrer dans la tête des prospects, ouvrir leur esprit et leur faire dire « OUI. »

Sa passion réside dans les idées marketing, les campagnes promotionnelles et les techniques pour s'adresser au subconscient de façon simple et efficace. Il est toujours à l'affut des phénomènes et campagnes marketing innovatrices qui fournissent bien souvent de nouvelles clés.

En tant qu'auteur de nombreuses formations audio, Tom est un orateur très prisé dans les conventions annuelles et les événements régionaux.

www.ingramcontent.com/pod-product-compliance
Lightning Source LLC
Chambersburg PA
CBHW060239030426
42335CB00014B/1539